JN448095

생각하는 스포츠

이학준

는 스포츠 생각하는 스포츠 생각하는 스포츠 생각하는 스포츠 생각하는 스포츠 생각하는 스포츠

는 스포츠 생

(주)북스힐

머리말

이 땅에서 스포츠는 100년 전만 해도 소수의 사람들만이 참여하였다. 하지만 이제는 누구나 관심을 갖고 참여할 수 있는 모든 이를 위한 스포츠가 되었다. 세월의 변화를 직감하게 한다. 지금은 사람들의 시선에 따라서 다양한 형태의 스포츠를 만나게 된다. 이 모든 스포츠는 몸을 통한 활동적인 부분이 강조된다. 하지만 이 책은 활동적인 움직임이 몸이 아니라 정신에서 찾는 생각하는 스포츠를 말한다.

우리는 스포츠와 생각은 별로 어울리지 않는다고 생각한다. 왜냐하면 스포츠는 몸으로 하는 것이라는 인식이 지배적이기 때문이다. 생각하는 스포츠는 이제 스포츠가 사유대상이 아니라 생각의 주체이다. 저자가 인터넷 웹진 '시대소리'에 스포츠에 관한 글을 올리면서 일관되게 생각하게 된 용어가 바로 생각하는 스포츠이다. 이를 통해서 현실 참여뿐만 아니라 사회개혁에도 일정한 기여를 할 수 있을 것이다. 저항과 비판 그리고 문제 제기는 스포츠의 발전을 위해서 필요하다.

스포츠는 정치, 경제, 문화, 사회, 종교, 군사, 미디어 등의 도구와 수단으로 일관되어 왔다. 이제는 스포츠도 변해야 한다. 그 변화는 생각하는 스포츠에서 찾을 수 있다. 스포츠의 사회참여는 사회개혁, 즉 보다 살기 좋은 사회를 만드는 일에서 시작된다. 스포츠는 이제까지 사람들에게 볼거리와 일시적인 재미를 주었을 뿐이다. 직접적인 사회개혁보다는 간접적인 사회변화에 도움을 주는 역할을 해왔다. 이제 스포츠가 사회참여를 통하여 현실을 변화시켜 볼 때라고 생각한다. 그러기 위해서는 생각하는 스포츠가 절실하게 요구된다.

사회가 스포츠에서 배워야 할 것은 규칙준수와 페어플레이 정신이다. 사회에서 규칙을 잘 지키지 않기 때문에 욕구 간의 충돌로 인한 갈등과 싸움이 지속된다. 삶의 일상의 일들이 규칙에 따라서 투명하게 처리될 수 있다면 분쟁은 그만큼 줄어들 수 있다. 개인의 이기적인 이익에 따른 판단과 행동 때문에 규칙은 잘 지켜지지 않는다. 모든 사람들이 스포츠에서 규칙준수를 배울 수 있다면 현실에서 규칙준수는 잘 지켜질 수 있을 것이다.

저자는 이 책을 통해서 스포츠의 현실참여가 이뤄지고 복지사회를 건설하는 데 기여하기를 간절히 희망한다. 이를 실현하기 위해서는 '생각하는 스포츠'가 필요하다. 생각하는 스포츠가 모여 스포츠사회를 형성한다. 스포츠사회를 통해서 궁극적으로 스포츠공동체를 만들 수 있다. 이는 복지국가에 기여할 수 있는 기본적인 문화라고 할 수 있다. 스포츠가 복지사회를 건설하는 데 일정 부분의 역할을 할 수 있을 것이다. 생각하는 스포츠가 지역사회의 개발과 지역주민의 복지 향상에 큰 역할을 하기를 희망한다.

2006년 2월 10일

이학준

차 례

생각 1 : 사회에서

1. 우리에게 스포츠란 무엇인가
2. 한국 스포츠, 환상에서 벗어나 눈을 돌려보자
3. 친일체육인은 왜 말하지 않는가
4. ‘스포츠를 권하는 사회’ 만들어 봐요
5. 이 땅의 운동선수를 생각한다
6. 건강에 대한 강박관념이 건강을 해친다
7. 건강에 대한 오해와 이해
8. 승리지상주의를 바로 보자
9. 우리 삶에서 놀이정신이 사라지고 있다
10. 놀이에서 삶을 배운다
11. 인간이 스포츠에 선행한다
12. 몸에 대한 과잉예찬을 경계하라
13. 사회가 스포츠에서 배워야 할 네 가지

1

우리에게 스포츠란 무엇인가

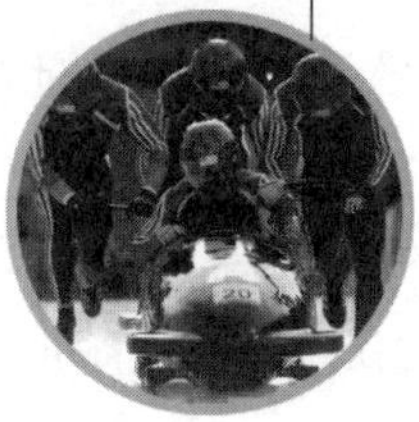

우리 주변에서 넘쳐나는 스포츠 용어에 대해서 너무나 익숙하여 이제는 일상용어가 되었다. 스포츠카, 스포츠웨어, 스포츠마사지, 스포츠댄스, 스포츠 신문 등 스포츠와 관련되지 않는 것들이 없다는 생각마저 든다. 일상대화에서도 날씨보다는 스포츠가 대화의 주제를 이루고 있다. 국가차원에서 경마, 경정, 경륜 등의 합법화된 도박을 통해서 수입을 올리고 있을 정도이다. 프로야구, 프로축구, 프로농구의 인기는 여전히 높기만 하다. 월드컵 축구는 전국을 환희의 도가니로 만들었다. 도대체 스포츠가 뭘까? 많은 학자들이 이 문제에 대하여 진지하게 정의를 하고 있지만 여전히 공통된 정의는 찾기 어렵다. 우리에게 스포츠란 무엇인가. 이 문제를 스포츠영화를 통하여 알아보자.

스포츠영화는 스포츠를 소재로 한 모든 영화를 의미하지는 않는다. 스포츠 그 자체의 문제의식을 가지고 만들어진 영화를 스포츠영화라고 할 수 있을 것이다. 이미 제작되어 알려진 많은 스포츠영화들 중에서 스포츠영화의 진수를 보여줄 수 있는 3편의 영화를 찾아보았다. 첫째가 대학스포츠의 문제를 제기한 영화 '샤킬 오닐의 NBA 챔프(Blue chips, 1994)'이다. 이 영화는 미국대학스포츠의 현 주소를 진지하게 보여주려는 감독의 의도를 엿볼 수 있다. 대학농구리그에서 우승하기 위해서 가장 중요한 것은 우수한 선수를 확보하는 일이다. 어떤 선수를 확보하느냐가 바로 학교의 우승과 감독의 자존심을 회복시켜 주는 일이다. 이러한 현실적인 유혹으로부터 자유로울 수 있는 자는 누구인가. 우리는 미국의 대학스포츠를 벤치마킹해야 한다고 역설하고 있지만 미국도 이 문제에서 역시 자유롭지 못하다. 이러한 문제의 원인은 대부분 극단적인 승리지상주의에서 찾는다. 그렇다면 승리란 무엇인가.

두 번째 영화 '불의 전차(chariots of fire, 1981)'는 스포츠에서의 승리의 의미를 보여주고 있다. 대부분의 학자들은 현대 스포츠문제의 원인 중에 하나를 승리지상주의에서 찾고 있다. 승리를 추구 하는 것은 스포츠에서 꼭 필요한 것이다. 만약 스포츠에서 승리를 추구 하지 않는다면 재미는 사라지고 만다. 우리가 추구 하는 승리는 전광판의 숫자로 나타나는 현상과 결과 위주의 승리에 불과하다. 이러한 승리에 매몰된다면 극단적인 승리지상주의에서 기인된 비인간성의 문제를 안게 될 것이다. 지금까지 우리는 실재와 의미로서의 승리가 존재한다는 것을 잊고 있었다. 남에게 보여주기 위한, 자기 자신을 소외시키고 결국 타자로 만드는 승리는 더 이상 승리라고 할 수 없다. 가장 큰 승리는 자기 자신에 대한 승리이다. 타자의 시선에서 자유로울 때 진정한 승리를 하게 되는 것이다.

이 영화에서 두 명의 주인공이 등장한다. 해럴드 아브라함과 에릭 리델이다. 이 영화에서 해럴드는 승리를 위해 수단과 방법을 가리지 않는 전형적인 승부사의 기질을 보여준다. 해럴드는 당시 대학생에게 개인 코치를 두면 안 되었다. 그럼에도 불구하고 이를 무시하고 무사비니라는 개인코치를 두고 승리하게 된다. 선교사인 에릭 리델은 종교적 신념 때문에 안식일에 열린 100미터 결승전 경기에 참가를 포기한다. 결국 현상과 결과만을 추구한 해럴드와 실재와 의미를 추구했던 에릭은 모두 승리하였지만 이들의 승리는 큰 차이를 보여주고 있다. 그 차이는 의미의 차원에서 비교할 수 있을 것이다. 이 땅에서 현상과 결과로서의 승리만을 지향하기 때문에 과정으로서의 승리는 퇴색하고 있다.

이 영화 속의 유니폼을 유심히 보면 흰색의 유니폼이 주류를 형성하고 있다. 지금과 비교하면 유니폼의 칼라는 상업주의 침투를 여실히 보여준다. 순수하기만 했던 스포츠는 다국적 기업의 움직이는 광고판이 되었다. 지금처럼 무한대의 빠름이 유일한 잣대로 평가되는 사회에서 선수들은 초시계를 향해서 무한질주 하는 모습으로 보여진다. 사람의 모습보다는 기계를 연상하게 한다. 이러한 문제는 경제적 논리 때문이라고 할 수 있다. 로제 카이와가 지적한 것처럼 지나친 경쟁과 승리추구는 스포츠의 타락을 가져오게 한다. 스포츠에서 인간 정신성의 상실은 동물들의 유치한 싸움에 지나지 않을 수 있다는 것이다. 놀이성, 진지함, 육체성, 유희성의 상실은 스포츠의 타락을 가져온다. 우리는 늘 고향 회귀를 꿈꾸며 살고 있다. 타향에서 이방인으로 삶을 살아가면서 고향을 그리워하는 삶의 모습처럼 스포츠 역시 고향을 찾고 있다. 지금은 고향상실의 전형이라고 할 수 있는 스포츠 타락의 모습을 보여주고 있다.

이러한 고향회복의 길을 세 번째 영화 '리멤버 타이탄(Remember the Titans, 2001)'에서 찾아보자. 이 영화에서는 흑인과 백인의 인종문제를 미식축구를 통해서 풀어간다. 흑인과 백인 통합의 고등학교가 가진 문제, 지역사회의 문제를 고등학교 미식축구팀이 서로간의 작은 관심으로 불신의 단절을 허물고, 소통하고, 화해하고, 나아가 상생을 모색하는 과정을 보여준다. 미식축구는 특성상 모든 선수가 하나로 움직일 때 가능한 경기이다. 대립과 갈등은 승리의 걸림돌이다. 하지만 소통과 화해는 상생의 힘을 가져와 승리에 근접하는 힘을 준다. 소통이 없이는 모두 패배자가 될 수 있다.

사람만이 희망이라고 한다. 스포츠의 타락을 해결할 수 있는 것 또한 사람이다. 블루칩의 피트 벨 코치, 불의 전차의 에릭 리델, 리멤버 타이탄의 허만 분 코치 등에게 기대를 할 수 있을 것이다. 이들은 우리에게 스포츠란 무엇인지를 말해주고 있다. 직접 땀을 흘리면서 스포츠의 참맛을 체험하고 스포츠의 이해를 하는 가운데서 스포츠를 알 수 있는 것이다. 참 나를 찾는 자기 인식과 타자의 시선에서 자유를 맛보는 것이 스포츠에서 진정한 승리이다. 이처럼 타자의 시선에서 자유를 찾을 때 스포츠에서 소외되지 않고 자신의 스포츠를 하는 것이다. 이것이 우리에게 스포츠란 무엇인가를 말해주는 것이다.

2

한국 스포츠,
환상에서 벗어나 눈을 돌려보자

최고가 항상 최고를 만드는 것은 아니다. 최고는 최고가 아닌 것에 비하여 최고를 만들 수 있는 가능성이 높은 것에 불과하다. 최고의 명장을 모셔오면 월드컵 4강의 신화를 재현할 수 있다는 환상은 벗어나는 것이 필요하다. 2002년 월드컵 준비 당시와 지금의 상황은 상당히 다르다는 것을 상식이다. 문제는 순위가 아니라 우리가 가지고 있는 역량과 힘을 보여줄 수 있냐에 있다.

과잉기대는 많은 실망을 가져온다. 4강 재현이란 과도한 환상의 굴레에서 벗어나 객관적으로 보기위해서 흥분된 마음을 가라 않게 하고 일정한 거리두기를 통하여 우리 축구를 볼 수 있어야 한다. 2002년과 과는 다르게 지금은 상당수 선수들이 교체되었다. 그렇기 때문에 이전보다 우위에 점유할 수 있는 점도 있고 그러하지 못한 점도 있을 수 있다. 현재 우리의 경기 수준을 빠르게 파악하고 그 수준에서 최고의 잠재력을 발휘할 수 있도록 기회를 주는 것이 현재에서 할 수 있는 최고의 준비이다.

선수들은 오만에서 벗어나는 일도 중요하다. 해외파와 국내파의 대립에서 벗어나는 일이 필요하다. 자신의 실력을 과도하게 오만 하는 데서 경기력이 떨어진다. 자신의 실력을 객관화하고 선수들과 화합과 조율을 하는 것에 무게를 두어야 한다. 해외리그에서 경기를 한다고 세계 수준의 선수가 되는 것은 아니다. 얼마나 자신의 능력을 최대한 발휘하고 노력하는 것에 따라서 세계 수준에 오늘 수 있는 것이다. 지금은 '너 자신을 알라'는 말이 절실하다.

경제원칙에 의하여 들어간 만큼 결과를 보여주지 못하는 것에는 투자를 하지 않는 것이 손해를 보지 않는 길이다. 지금 우리 축구는 다른 종목의 팀에 비하여 특별대우를 받으며 물량이나 시설 모두가 최고의 대우를 받고 있다. 그런데 경기력이 기대 수준에 오르지 못하고 있다. 투자를 하지 않는 것이 좋은데 현실은 그렇지 못하다. 환상을 잊지 못하고 다시 한번 우리에게 그런 환상을 가져다주겠지 하는 희망 때문에 투자를 줄이지 못하는 것이다.

눈을 돌려 여자축구대표 선수들을 보자. 그녀들은 남자선수들에 비하여 시설과 투자는 상당히 떨어진다. 그러나 이번에 동북아시아 축구대회에서 세계 강호 중국과 북한, 일본을 상대로 우승을 차지할 수 있었던 것은 그녀들이 지도자들과 화합과 조화를 통해서 승리를 할 수 있었던 것이다. 평상시에 여자축구에 대한 관심은 적을 수밖에 없었다. 모든 국민이 남자 축구에 목을 매기 때문이다.

이제 우리는 눈을 돌려보자 여자축구, 다른 종목 핸드볼, 필드하키 등 세계적인 경기수준을 가지고 있는 경기들이 많다. 그러나 이들 종목은 올림픽 때를 제외하고는 관심이 저조하다. 축구에 밀려나서 찬밥 대우를 받는 것이다. 경기 결과를 보면 축구는 이들 종목을 따라

가지 못한다. 그럼에도 불구하고 우리는 축구에 너무나 기대를 하고 있는 것 같다. 그렇기 때문에 국민들은 실망이 커질 수밖에 없다. 문제는 과열에 있다. 승패에만 눈을 고정하고 있지 세계적인 경기에는 눈을 돌리지 못하고 있다. 경기는 승패를 벗어나 그저 즐기는 것이다. 공연을 감상하듯 세계적인 수준의 경기를 감상하는 수준 높은 감상 능력이 우리에게 필요하다.

3

친일체육인은 왜 말하지 않는가

민족문제연구소와 친일인명사전편찬위원회가 친일인명사전 수록 예정자 1차 명단에 3090명을 발표하였다. 이 번 발표에 대하여 친일 인물 분류의 기준이 없다는 비판과 이를 통해서 60년 만의 친일청산을 하게 되었다는 엇갈리는 보도를 접할 수 있었다. 특히 민족지도자로 알고 있었던 인물들이 친일인사로 대거 분류되었다. 이외에도 다양한 분야의 인물들이 친일인물명단에 그들의 이름을 올렸다. 그러나 유독 체육계의 친일인물에 대한 명단은 어디에도 찾을 수 없다. 체육계는 친일인물이 전무한가 아니면 예외를 인정하는 특별한 영역인가 알 수가 없다. 아무튼 3천 90명의 친일인명목록에 유독 체육계 인물들이 빠져 있다는 데에 문제를 제기하고자 한다. 체육계 친일인물을 밝히는데 일정한 기준을 설정하는 것이 아마도 어려운 일일 것이다. 하지만 그 기준을 설정할 수 있다고 생각한다. 그 기준을 두 가지 정도를 제시해보자.

첫째, 해방 이전에 일본대표로 올림픽과 세계대회에 참가한 선수들이다. 이들은 일장기를 가슴에 달고 일본의 명예를 세계에 알린 장본인 들이다. 그 누구도 지금까지 이들에 대하여 친일을 한 사람이라고 말하지 않았다. 왜냐하면 이들은 모두 해방 이후에 우리의 영웅이 되어 있었기 때문이다. 이들의 친일 행적에 관한 자료는 일본에 상다수가 남아 있지만 이런 사료에 대한 검토 작업이 전무했기 때문에 규명되지 못하고 있다. 또한 우리의 풍토에서 이들은 친일로 분류하는데 어려움이 많이 상존하기 때문에 접근이 용이하지 못하다. 이들에 대하여 우리사회가 높이 평가하는 분위기에서 누구 이들에게 비판을 칼을 댈 수 있는가. 그 칼날이 역으로 자신에게 돌아올 수 있기 때문에 체육계 친일파 진상규명이 어려움을 가지고 있는 것이다.

둘째, 일재 식민지 시대 조선체육협회의 관여한 인물들이다. 이 당시 조선을 중심으로 한 체육단체는 두개가 있었다. 하나는 조선인들이 중심이 되어 자주적으로 결성한 조선체육회와 다른 하나는 일본을 중심으로 한 조선체육협회다. 친일체육인으로 간주할 수 있는 것은 조선체육회가 있음에도 불구하고 조선체육회를 방해하기 위하여 만들어진 조선체육협회에 참여하여 활약하였다는 사실이다. 조선체육협회 참여 자체만으로도 친일적 행위라고 볼 수 있을 것이다. 여기에 참여하였던 많은 친일체육계 인사들이 해방이후에 한국체육이 발전하는데 많은 공헌을 하였다. 그렇기 때문에 이들의 친일 행적은 가려지게 되었다. 이제는 친일체육인에 대한 공개가 빠르게 이뤄져야 할 것이다.

오늘날의 한국 체육이 친일인물들에 위해서 성립되고 발전하였다고 하지만 공과를 명확히 할 필요가 있다. 어떤 인물에 대하여 공 때문에 과를 눈감아 주면 모든 잘못이 사라지고 만다. 그렇기 때문에 친일청산이 이뤄져야 하는 데도 불구하고 해결하지 못하고 지금까지 이어 온 것이다. 친일파 체육인을 공개적으로 밝히는 것은 객관적인 시각에서 그들에 행위에 대하여 비판을 하고 같은 일들이 우리 역사상에서 거듭되지 않게 하기 위함이다. 역사의 심판이 없다면 개인의 영달을 위해 자신의 민족을 팔아먹고 동포를 이용하는 인간들이 넘쳐날 수 있을 것이다. 이 때문에 역사는 항상 심판한다는 역사의 소리를 귀 기울일 필요가 있다. 이런 뜻에서 체육계의 친일청산은 예외가 될 수 없다고 생각한다. 친일인물사전 수록예정자 2차 명단에 친일체육 인물들이 포함되기를 기대한다.

4

'스포츠를 권하는 사회' 만들어 봐요

한국사회에서 타인과 자신의 심리적 벽을 무너뜨리는 것 중에 대표적인 것이 있다면 그것은 술과 스포츠이다. 술은 한국인에게 없어서는 안 되는 문화적인 요소이며 자신이 가진 한을 풀고 울분을 삼키게 하는, 희노애락의 삶 자체와 일에서 빠질 수 없는 것이었다. 일상적으로 술은 우리의 문화행위의 한 부분으로 언제나 우리 곁에서 삶의 애환을 달래주며 자기의 역할을 다해왔다.

그러한 술의 순기능을 비판을 하려고 하는 것은 절대 아니다. 술은 언제나 마시는 주체의 통제와 절제를 통해서 그 본연의 임무를 다해왔다. 그런 술을 탓하려고 하는 것이 아니라 마시는 주체인 나와 우리를 성토하려는 것이다. 술로 인하여 벌어지는 일은 무수히 많다. 자신의 도덕성을 무너뜨릴 수 있고, 인격 장애를 가져올 수 있고, 얼굴을 들지 못할 정도의 실수를 야기하여 사회적 고립을 당하게 되는 경우도 있다. 이 같은 일들은 물론 술 마시는 사람 그 자신의 통제와 조절의 실패를 말한다. 이런 위험성이 항상 내재해 있는 술은 지금까지 우리의 사랑하는 공동체문화로 인식되어 왔다.

이제는 밀폐한 공간에서 술을 마시는 행위보다는 넓은 공간에서 스포츠를 하면서 자신의 심리적 배타심이나 벽을 무너뜨리고 땀 속에서 타인과의 거리를 좁히고 관계맺음을 통하여 함께 어울려 즐기는 문화를 생각하는 것이 이 시대에 진정 요구하는 새로운 공동체 문화가 아닌가 생각한다. 우리의 일상의 삶을 살펴보면 공동체의 문화보다는 컴퓨터를 중심으로 개인 중심의 문화를 형성하고 있다. 개인 중심의 문화는 후기 산업사회의 파생물이다. 이는 곧 개인 대 개인, 개인과 사회, 개인과 자연의 단절을 가져오며, 고립을 시키고 있다. 이러한 사회에서 진정 인간과 사회의 관계맺음의 통로로 인식되어 온 술과 스포츠의 장단점을 고찰하여 과연 우리 삶의 정서에 긍정적인 관계를 제공하는 것이 무엇이 될까 하는 물음에 대한 답변을 찾아내기 위하여 술과 스포츠에 대하여 몇 가지 비교와 검토를 해보자.

첫째, 인간관계의 문제이다. 술은 인간을 빠른 시간 안에 서로간의 담을 허물고 진솔한 대화를 하게 한다. 문제는 서로간의 주량의 차이로 인한 문제가 생긴다는 사실이다. 어느 정도 술을 소비했을 때 그 사람이 마음의 벽을 무너뜨릴 수 있지만 동시에 과음이 된다면 우호적인 인간관계가 아니라 적대 관계가 될 수 있는 가능성이 항상 있다는 것이다. 과음으로 인해 주사가 일어날 수 있으며, 그것이 관계맺음이 악 영향을 미칠 수 있다. 술은 긴장을 풀고 따뜻한 마음을 나누는 행위이다. 그런데 술 먹는 행위 자체가 삶의 즐거운 여가 문화적인 차원이 아니라 정치적 행위로 이용된다면, 접대용 술 문화는 의무적 행위로 연결되어 술 먹는 의미 자체를 왜곡시키는 결과를 가져올 수 있다.

반면에 스포츠는 첫 만남을 의미 있게 하는 매개체로서 인간관계의 근본적인 매개 역할을 수행한다. 스포츠 활동은 열린 마음 즉, 정직, 상호 존중, 상호이해를 전제로 행하여지기 때문에 가식과 허식에 의한 형식적인 만남의 인간관계를 배척하고 자연스럽게 만남의 의미를 중요하게 여기는 계기의 장이 될 수 있다. 예를 들어 등산을 경험해 본 사람은 등산을 함께 하면 모르는 사람이라도 쉽게 친해지는 것을 알 수 있을 것이다. 왜냐하면 등산은 일단 동일한 목표를 가지고 시작하고 힘들고 어려운 일을 함께 경험함으로 그 속에서 인간의 정과 끈끈한 우정을 느낄 수 있기 때문에 등산이 사람과 사람 사이를 가깝게 만드는 것이다. 따라서 스포츠는 친선과 만남 그리고 인간관계의 중요한 통로가 아닐 수 없다. 따뜻한 만남 그리고 인간의 정을 경험할 수 있는 만남과 친선 그리고 공동체의 장이 되는 것이다. 반대로 스포츠에 대한 지나친 몰입은 여가로써의 스포츠가 하나의 일 또는 중독증세로까지 변화될 수 있는 가능성 또한 부인할 수 없을 것이다. 그러나 스포츠의 본래적 목적은 여가문화의 상호적인 공유에 그 의미가 있다.

둘째, 건강의 문제이다. 스포츠 활동은 가정 경제의 의료비 부담을 감소시킬 수 있다. 만약 가족 중에 한 사람이 중병에 걸렸다면 한 가정의 경제는 붕괴되기 쉽다. 그만큼 의료비는 큰 부담을 준다. 그러므로 가족 구성원의 건강은 가정 경제를 풍요롭게 유지하고 가정의 행복의 근원이 된다. 만약 사람들이 지속적으로 스포츠 참여를 통해 습관화, 체질화된다면, 많은 사람들은 평생체육의 바탕을 형성할 수 있고, 나아가 평생 동안 건강한 생활을 할 수 있을 것이다. 따라서 가정 경제의 의료비 부담은 그만큼 적어질 것이다. 가정의 모든 구성원이 건강할 때 가정 경제는 의료비 절감으로 윤택한 삶, 다시 말해서 살맛나는 삶을 영위할 수 있는 토대를 제공받게 되는 것이다.

이러한 기틀은 학교에서 학교체육과 스포츠 활동의 지속적인 운영과 참여자 본인의 적극적이고 자발적인 참여 속에서 형성할 수 있다. 스포츠는 우리의 건강한 삶을 위한 예방의학으로 작용할 것이다. 이에 반하여 술은 과도한 음주행위로 인하여 술로 인한 많은 질병에 걸릴 확률이 높다. 술 먹는 행위는 인간관계 맺음을 위한 것인데 도리어 건강에 해가 되는 경우가 많다. 물론 여기서도 적당한 음주는 몸에 이로우나 우리의 음주문화는 술 먹는 행위보다는 많이 마셔야 한다는 인식 때문에 과음을 하게 된다. 그래서 술병이라는 병에 의하여 생명이 악영향을 입게 된다.

셋째, 경제적 문제이다. 술 권하는 사회에 있어서 사람들은 의료비, 술값으로 많은 돈을 투여해야 한다. 그러나 스포츠는 무료로 즐길 수 있는 공간이 우리 주변에서 쉽게 찾아 볼 수 있다. 물론 상업스포츠 시설을 이용한다면 비용이 생각보다 좀 들어가지만 술값보다는 저렴하게 들어갈 것이다. 술 문화는 술값이 문제가 아니라 술에 의하여 파생되는 제반적인 것들에 의한 비용은 상상을 초과할 수 있다는 점이다. 그래서 다음과 같이 단언할 수 있을 것이다. '술 먹고 남는 것은 술병과 빈병이고, 스포츠를 하고 남는 것은 건강과 체력 그리고 즐거움'이다.

이상에서 나는 술이 더 이상 우리들의 공동체 문화를 유지하고 인간관계를 돈독하게 하는 챔피언으로서 우리의 대학과 사회에서 숭배받아서는 안 된다고 생각한다. 우리는 스포츠 경기를 통하여 공동체 의식이 형성된다는 것을 누구나 긍정하는 사실임을 잘 알고 있다. 이것은 스포츠가 대학과 사회에서 공동체 의식의 함양과 인간관계의 증진을 위한 매개체로서 역할을 해 왔다는 것을 보여준다. 연대와 대동을 위한 행사로 체육대회는 빼놓을 수 없었다. 스포츠만큼 사람들과의 연결 고리를 이어주는 것은 찾아보기가 어렵다는 사실에서 나는 '스포츠를 권하는 사회'를 만들어야 한다고 주장하고 싶다.

이제까지의 논의에서 '술 권하는 사회'에서 발생되는 문제들은 여가문화의 범주밖에 있다고 할 수 있다. 근본적으로 술 문화를 부정하는 것이 아니라 그 동안 현대사회에서 나타나는 술 중심의 문화에서 발생한 문제들에 대하여 스포츠가 도전장을 던져보는 것이다. 지금까지 우리 공동체문제의 대표적인 두 문화를 비교하였다. 술 권하는 사회와 스포츠를 권하는 사회의 상호비교를 통하여 우리가 지향하는 새로운 공동체문화로서 '스포츠를 권하는 사회'를 제시해 보았다. 스포츠를 권하는 사회는 사회 구성원 모두가 스포츠를 통하여 나보다 남을 먼저 생각하는 이타주의와 도덕성, 협동심을 자연적으로 습득하게 되고 사회적으로 문제가 되는 도덕성 타락을 서서히 해결할 수 있는 사회를 말한다. 스포츠동호인들은 스포츠를 즐기는 가운데 페어플레이 정신과 도덕적 자질 함양의 기회를 갖게 되어 건강하고 건전한 사회를 만드는 데에 일조하며 또한 원칙(질서)이 지켜지는 사회를 구성하는데 주춧돌의 역할을 할 수 있을 것이다. 이외에도 스포츠를 권하는 사회는 술 권하는 사회를 대신하여 인간관계, 가정경제, 그리고 공동체 문화로서의 사회전체를 인간들의 정감이 오고가는 아름다운 삶과 풍요로운 사회를 보장하는데 밑바탕이 될 것이다.

'스포츠를 권하는 사회'는 건강한 사회를 의미한다. 건강은 인간에게 가장 중요한 것으로 행복한 삶의 일차적인 전제 조건에 해당한다. 건강한 삶은 질병으로 인한 의료비용의 절감을 가져와 개인과 가정경제의 경제적 이익을 가져다준다. 한 인간의 건강의 약화는 돌이킬 수 없는 일인 만큼 건강은 건강할 때 지켜야한다. 신체가 건강한 사회는 국민의식 또한 건전하고 이와 더불어 건강한 사회 형성의 토대가 되는 것이다. 건강은 한번 잃으면 그것을 회복하는데 경제적, 정신적 손실을 가져온다. 그 만큼 병약한 국가는 국민의료비에 많은 돈을 사용하게 되기 때문에 예방의학 차원에서 '스포츠를 권하는 사회' 만들기를 통해 의료비용의 절감을 생각해 볼 수 있다.

'스포츠 권하는 사회'를 만들기 위해서는 직접 스포츠를 함으로서 효과를 확인하고 다른 사람들에게 권장하여야 한다. 건강한 사회는 건전한 생각을 가진 이들의 중심사회가 되는 것이다. 스포츠는 건강한 사회와 살맛나는 사회를 형성하는 토대가 될 것이다. 우리의 새로운 공동체 문화로 스포츠가 그 역할을 대신하도록 권장하여야 할 것이다. 스포츠는 21세기 새로운 공동체 문화로서의 역할이 점진적으로 그 중요성이 부각되고 있다. 이를 위한 일차적인 방법은 사회전체의 많은 술집이 점차적으로 줄어들도록 하고 그 자리에 체육관, 볼링장, 피트니스 센터, 수영장, 테니스장이 점차적으로 증가하는 사회분위기를 형성해야 할 것이다. 그래서 직장인들이 퇴근과 동시에 야간 조명 아래서 테니스를 치거나, 수영을 하는 사회를 만들 수 있을 것이다. 이를 위해서 정부와 국민 전체의 인식전환과 시설투자에 대한 지원이 요청된다.

스포츠문화의 중요성이 점차로 부각되고 있는 상황에서 '스포츠를 권하는 사회'를 만들기의 일차적인 시작은 사이버 공간의 스포츠 네티즌의 연대하는 것이다. 이와 병행하여 이웃과 친구, 가족 모두에게 스포츠를 함께 하는 일이 스포츠를 권하는 사회 만들기의 첫발일 것이다. '스포츠를 권하는 사회'의 정착을 통해서 우리 사회에서 술 문화를 사라지게 하고 스포츠문화가 환영받는 사회문화를 만들어 가야 하고 이를 통해서 아름다운 세상을 만들어 가야 할 것이다.

5

이 땅의 운동선수를 생각한다

이 땅에서 운동선수들의 삶에 대한 관심은 천안초등학교 축구부의 합숙소 화재로 인한 어린선수들의 사망과 대학의 한 야구선수의 자살, TV에서 방영한 운동선수들이 생활하는 합숙소의 실상으로 시작되었다. 그것도 몇 달되지 않아서 망각의 늪으로 빠지고 말았지만 그래도 많은 사람들의 관심의 대상이 되었다는데 위안을 찾을 수 있을 것이다. 한국인의 냄비근성 때문인가 아니면 사고불감증, 도덕불감증 때문인지 명확하지 않으나 이제 이와 같은 유형의 사고에 너무 익숙해져서 사람들은 심각하게 고민하지 않는다. 이 나라에서 살아남기도 힘이 드는데 자신의 생존과는 전혀 관련이 없는 문제에 대하여 관심조차 가지지 않는 것은 어떻게 보면 당연한 일인지 모른다. 항상 그래 왔기 때문에 특별한 문제가 되지 않는 것처럼 보인다.

현재 한국의 현실에서 인권의 사각지대로 말할 수 있는 운동선수의 삶은 늘 관심의 대상에서 벗어나 있었다. 대개 운동선수들은 운동만 하는 아이들, 친구가 없는 아이들 아니면 매일 감독으로부터 맞는 아이들, 공부 못하는 아이들이라는 인식이 이웃들에게 그렇게 각인되어왔다. 운동선수들은 인간이하의 대우를 받으면서 폭력에 노출된 특수한 집단이라고 할 수 있다. 이처럼 운동선수에게는 현실적으로 해결해야 할 문제들이 산적해 있다. 그러나 누구도 이 문제에 대하여 관심을 갖지 않고 있다.

이제는 운동선수들의 삶에 대해서 사회 전체의 반성과 비판이 필요하다. 대책 없이 시간이 지나면 저절로 해결되겠지 하는 막연한 기대는 이제 금물이다. 그동안 알면서 침묵하고 이를 당연하게 인식한 것이 문제라고 할 수 있다. 이대로 방치한다면 운동선수들은 인간다운 삶을 살아보지 못하고 승리라는 목표를 향해서 자신들의 욕구를 죽이면서 운동으로 하루의 대부분의 시간을 보낼 수밖에 없을 것이다. 이대로 진행된다면 운동선수들은 도구화와 비인간화는 여전히 계속될 것이다. 그렇기 때문에 운동선수들의 삶에 대한 관심은 빠를수록 좋다.

한국 운동선수들의 문제점은 운동선수들만의 문제가 아니라 한국인 전체의 문제이기도 하다. 한국 사회 속의 운동선수들의 삶은 단절된 제한적인 삶의 모습이 아니라 사회 모든 현상들이 축소되어 나타나기 때문이다. 만약 스포츠가 사회의 작은 축소판이라고 한다면 그 속에 삶을 살고 있는 한국인의 문제들은 고스란히 운동선수들에게도 반영되어 나타난다. 1등 지상주의와 결과주의, 승리지상주의가 깊게 물든 우리사회 속에서 과정이야 어떻든 결과만 중시하는 각박한 사회의 분위기가 운동선수들에게 사회의 암적인 부분을 그대로 반영시키고 있다.

이제는 변해야 한다. 운동선수들이 변하고 사회가 변하고 우리사회 모든 것이 변해야 한다. 노력한 사람이 정당한 대가를 받고 노력한 운동선수가 승리할 수 있는 기본 토대가 바로 잡혀야 한다. 그래야 합리적이고 투명한 스포츠의 실현이 가능하다. 그런 사회가 지속적 성장이 가능한 사회라고 볼 수 있다. 학연, 혈연, 지연 등 연고주의가 강하게 사람들을 발목을 잡고 자신의 잠재력을 발휘하지 못하게 하는 후진적인 삶의 분위기에서 쇄신해야 한다. 모두들 자신의 잠재력을 실현할 수 있는 사회적 분위기를 조성해야 할 것이다.

우선 선수 선발과정과 운동선수의 학사관리 제도를 과감하게 개선할 필요가 있다. 그러기 위해서는 다음과 같은 선결문제가 이루어져야 한다. 운동선수로서 대학에 입학하기 위한 최소한의 수학능력 수준을 지금 보다는 훨씬 단계적으로 상향조정하여 합리적인 기준선이 정해져야 한다. 이러한 기준에 의해서 대학에 입학한 운동선수라 할지라도 학점취득과 졸업에 관한 규정은 일반학생과 동일한 조건 하에서 관리되어야 한다. 그리고 모든 대학의 운동선수들이 같은 규정하에서 운동과 학업을 할 수 있도록 하고 이를 준수하기 위한 기구가 결성되어야 한다.

파행적으로 운영된 우리나라 운동경기는 경기 실적을 통해서만 대학입학의 특전을 얻는 운동선수들 위주로 행해져왔다. 운동선수들은 학교 내에서 특권의식을 가진 집단이 되었다. 공부는 하지도 않고 성적은 유지되고 운동시설을 독점할 수 있는 특권을 가지게 되었다. 그로 인해 운동선수는 운동선수대로 수학능력의 저하를 가져왔다. 이러한 사실은 과거 오래 전부터 인식되어왔던 것이지만 과거시대의 사회적 여건과 제도 등에 의해서 간과 되어왔다. 그러나 지금은 사회 전반적인 분야에서 원칙이 중요시되고 그에 따라 개혁이 요구되고 있다. 사회적 요건이 이제는 충분히 형성되었기 때문에 운동선수들의 삶의 조건들이 하루 빨리 개선해야 할 것이다. 우리 사회의 운동선수들이 변해야 사회 전반을 변하게 할 수 있을 것이다.

운동선수들의 행복한 삶을 위하여 필요한 것은 운동선수 자신의 의식과 사회적 제도를 바꾸어 나가는데서 시작된다. 하지만 사회적 제도만으로 운동선수들의 문제들을 해결할 수는 없을 것이다. 중요한 것은 운동선수 자신의 변화가 그 무엇보다도 중요하다. 사회화되는 운동선수는 자신에 의해 사회를 바꿀 수도 있는 힘을 가진 존재라는 자각과 더불어 선수 자신의 역량과 능력을 개발할 수 있는 길을 스스로 모색할 수 있어야 한다. 사회적 제도에 의한 수동적 자세보다는 능동적 자세를 가진 운동선수의 모습으로 거듭나야 할 것이다. 사회적 제도의 변화라는 초석 위에 개인의 능력향상을 위한 노력들이 더해질 수만 있다면 그 보다 더 이상적인 것은 없을 것이다. 이를 위하여 공부하는 운동선수들이 많이 늘어나야 할 것이다.

6

건강에 대한 강박관념이 건강을 해친다

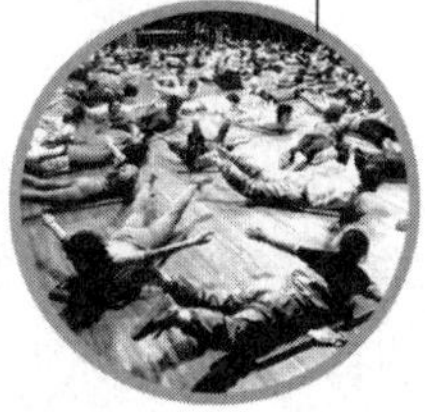

참 살이라는 웰빙 열풍이 우리사회의 중요한 화두가 되었다. 어떻게 하면 건강하게 오래살 수 있을까 하는 생각이 우리의 주된 관심사항이다. 그래서 건강한 삶을 위해서 운동을 하는 것이 당연한 일로 간주한다. 이런 사회분위기 때문에 운동을 하는 사람들을 주변에서 쉽게 발견할 수 있다. 이는 운동하면 건강해질 수 있다는 운동과 건강의 인과관계가 성립된다는 것을 의미한다. 이러한 생각들이 이제는 자연스럽게 우리 의식을 지배하게 되었다.

돈이 문제가 아니라 몸에 좋은 유기농 식품, 심천수, 요가, 기, 태극권 등 몸 살림 운동이 펼쳐지고 있는 것이다. 과연 운동만 하면 건강해질 수 있을까. 운동만하면 무조건 건강이 보장되는 것은 물론 아니다. 그럼에도 불구하고 건강하기 위해서 행해지는 건강스포츠는 역으로 건강을 해칠 수도 있다는데 주목하게 되는 것이다.

스포츠만 하면 건강해질 수 있다는 일종의 강박관념이 우리 의식을 점유하고 있는 것 같다. 몸이 조금만 좋지 않아도 운동을 해야 된다는 생각을 갖게 되는 것이 지금의 현실이다. 이는 일종의 건강에 대한 강박관념에 의해서 나타나는 현상이다. 운동만하면 건강하고 오래 살 수 있다는 맹신에 가까운 생각이 우리의 일상적 세계를 점유하고 우리의 의식과 행동을 규제한다.

과연 운동을 하면 건강할 수 있을까. '스포츠는 몸에 나쁘다'는 책의 저자 카토쿠니히코 박사의 말을 인용하면, "스포츠를 하면 활성산소라는 산소독이 생겨나고 이것이 노화를 촉진하기 때문에 건강에 해로울 수 있다고 한다." 마라톤을 하다가 심장마비로 죽은 이들에 대한 뉴스가 언론에 보도되는 것을 보아도 운동만이 만병통치약은 아닌 것 같다. 그럼에도 불구하고 우리는 운동을 해야지 건강해진다고 굳게 믿고 있다. 이 현상에 대하여 다시 생각해 볼 필요가 있다.

건강만을 위해서 운동을 하는 것을 건강스포츠라고 한다. 건강스포츠는 역으로 건강하지 못하게 할 수 있다는 것이다. 아무튼 재미도 찾지 못하고 건강하게 오래 살겠다고 무조건 건강을 목표로 운동만을 하는 것은 일종의 과도한 스트레스가 쌓여서 건강에 해가 될 수 있다. 스포츠 그 자체를 그냥 즐기는 가운데 건강은 보너스로 주어지는 것이지 운동만을 한다고 얻어지는 것이 아니다.

건강하기 위하여 운동을 하는 것은 건강에 도움이 되기보다는 해가 될 가능성이 높다. 그냥 즐기는 운동은 스트레스가 쌓일 일이 없으며 즐거우면서 건강해질 수 있다. 그런데 건강을 목표로 운동을 하다보면 과도한 경쟁심이 생겨나고 그것이 자신의 건강에 나쁜 영향을 줄 수 있다는 것이다. 몸에 맞는 운동이라는 처방이 그래서 필요한 것이다. 몸에 독이 되는 운동이 있고 약이 되는 운동이 있다는 것이다. 무조건 운동만 하면 건강한 것이 아니다. 이는 운동의 소비 대상으로 구매 가능한 것으로 착각하고 있기 때문에 나타나는 현상이다.

운동이 부족해서 발생하는 운동부족병으로 비만, 당뇨, 고혈압 등이 있다. 이것은 일종의 성인병으로 잘못된 생활습관 때문에 발생하는 생활 습관병이라고도 한다. 성인병은 물론 움직이지 않아서, 활동하지 않아서 생긴다고 할 수 있지만 무리한 운동만으로 건강할 수 있다는 단순한 생각은 잘못된 생각일 수 있다. 뿐만 아니라 운동을 해야 한다는 강박관념 자체가 건강을 해칠 수 있기 때문에 이를 경계해야 한다. 건강은 즐거운 스포츠 활동 자체에서 보너스로 주어지는 것이기 때문에 일차적으로 운동을 즐기는 것에 익숙해져야 할 것이다.

즐기기 보다는 오직 건강만을 위하여 운동을 한다면 몸에 득이 되기보다는 역으로 스트레스를 받아 해가 될 수 있다. 그렇기 때문에 운동의 통해서 건강을 얻기 위해서는 스포츠 속의 놀이 정신을 찾아야 할 것이다. 운동에서 놀이 정신이 아닌 경쟁정신만을 강조하기 때문에 건강에 해가 되는 일이 발생하는 것이다. 운동을 통해서 무엇인가 얻기 위한 운동은 운동 자체가 수단이 아닌 목적이 되어야 한다. 운동을 수단으로 생각하기 때문에 일종의 일이 되는 것이다. 이 때문에 몸에 스트레스란 부담을 주게 되는 것이다. 그러므로 운동 그 자체에 목적을 가지고 하다보면 건강하게 될 수 있는 것이다.

건강을 위해서 너무 먹어서 병이 되는 경우도 있다. 건강하기 위하여 무조건적으로 몸에 좋은 음식과 건강스포츠에만 맹신하는 것은 역으로 건강을 해롭게 할 수 있다. 너무 먹어서 몸을 살리는 것이 아니라 오히려 몸을 죽이는 경우가 생기고 너무 운동해서 몸에 해가 되는 일이 생기는 것이다. 과거에는 못 먹어서 영양실조로 생명을 잊은 경우가 있었지만 지금은 과잉된 음식으로 인하여 생명을 단축하는 일이 생겨나고 있다. 이러한 현상은 건강에 대한 일종의 지나친 맹신에 의해서 생겨난다. 건강에 대한 강박관념은 역으로 우리는 건강하지 못하게 한다는 것이다.

이러한 관념에서 벗어나 일상의 일에서 즐거움을 찾고 즐거운 활동을 하다보면 자연스럽게 건강해지는 것이다. 건강하기 위하여 운동에만 몰두하다 보면 역으로 건강을 잃게 될 수도 있다. 건강을 위한 보양보다는 일상의 거친 밥상을 즐겨 먹으며 운동을 즐긴다면 건강하게 살 수 있을 것이다. 우리의 경계해야 할 건강의 적은 건강에 대한 일종의 강박관념이다. 이 같은 강박관념은 과연 누가 주도하였는가. 건강관련 기업들을 의심해봐야 한다. 결국에 건강으로 돈을 벌어들이는 것은 건강관련 기업들이다. 이제 운동을 해야 한다는 것과 잘 먹어야 한다는 강박관념에서 자유로울 때 건강은 이미 시작되는 것이다.

7

건강에 대한 오해와 이해

누구나 무병장수하기를 꿈꾸지만 현실은 바람대로 되지 않는 경우가 많다. 천재지변 앞에 인간의 생명은 촛불과 같이 쉽게 사라질 수 있는 무기력함을 발견한다. 영혼불멸을 갈망하지만 인간은 언제 가는 죽어야 한다는 진실 안에 자꾸만 작아진다. 건강하게 오래살기를 바라지만 건강이 무엇인지 명확히 아는 사람 또한 많지 않다.

많은 사람들에게 건강이 무엇이며 건강한 사람은 어떤 사람인가에 대하여 물어본 일이 있다. 대부분의 사람들이 보디빌더의 우람한 역삼각형의 넓은 가슴과 임금 왕자가 새겨지는 복근을 가진 남자라고 말한다. 물론 이런 유의 사람도 건강한 사람이지만 엄격히 구분하다면 신체적으로 건강한 사람, 체력이 뛰어난 사람일 뿐이다.

근육형의 남자가 건강한 사람의 대명사일수 있는가 하는 의문을 갖게 한다. 건강 관련 잡지의 표지모델들은 근육형의 남자가 대부분을 차지한다. 하지만 나는 건강한 사람으로 보디빌더보다 신부나 농부의 모습을 생각하게 된다. 그 이유는 신체적 건강뿐만 아니라 정신적, 사회적, 영적 건강을 생각하기 때문이다.

WHO(세계보건기구)의 따르면 건강은 신체적, 정신적, 사회적, 영적으로 문제가 없는 상태라고 정의하고 있다. 우리가 이제까지 생각하고 있는 건강과는 차이가 있음을 확인할 수 있다. 이제까지 우리는 신체적 건강 즉 체력만이 강하면 건강하다는 오해를 하고 있음을 알 수 있다. 신체가 건강하면 건강하다고 생각하는 경향이 많은 것 같은데 정확한 건강개념에 대한 오해라고 할 수 있다.

그 결과 건강한 사람하면 보디빌더를 우선적으로 말하게 되는 것이다. 오히려 건강한 사람은 농부나 신부가 더 가깝다고 할 수 있을 것이다. 왜냐하면 이런 분들은 위에서 말한 건강개념의 부합하는 건강 상태를 가지고 있기 때문이다. 건강개념에 대한 오해에서 이해에로 접근하여 건강개념에 대하여 알아보자.

첫째, 신체적 건강이다. 신체적 건강은 체력을 의미한다. 신체적 상태가 어떤 일을 수행하는 데 무리가 없는 상태를 나타낸다. 운동선수들의 체력은 무소불위의 능력을 가진다. 체력은 근력, 지구력, 유연성, 민첩성 등의 운동능력을 말한다. 그래서 신체적 건강하면 대부분 운동선수를 생각하게 되는 것 같다. 병원균에 대한 저항력을 나타내는 방위체력을 말할 수 있다.

둘째, 정신적 건강이다. 인내력, 강인한 정신, 심리적 안정 등으로 표현할 수 있다. 정신적으로 건강하지 못하여 나타나는 우울증, 정신분열증 등은 사회적 문제가 될 수 있다. 이는 정신건강이 양호하지 않은 경우에 나타나는 일종의 정신적 질병이다. 특히 우울증은 자살과 깊은 연관성을 갖기 때문에 사회적 문제가 된다. 뿐만 아니라 정신이 건강하지 못한 경우는 의욕상실과 좌절로 나타나기도 한다. 신체적으로 건강하지만 정신적으로 건강하지 못할 수도 있고 정신적으로 건강하지만 신체적으로 건강하지 못한 경우도 있다.

셋째, 사회적 건강이다. 인간은 사회적 동물이기 때문에 사람과의 관계가 중요하다. 조직 사회의 건강은 조직구성원들과의 원만한 인간관계를 유지할 때 사회적 건강을 형성되는 것이다. 회사에서의 어려움은 업무의 과다로 인한 어려움이 아니라 사람들 간의 인간관계에서 발생하는 어려움이 더 크게 작용하기 때문에 생겨난다.

넷째, 영적인 건강이다. 이전에는 영적 건강은 건강개념에서 빠져있었다. 하지만 지금 영적 세계를 인정하여 영적 건강을 중요시 하게 되었다. 영적인 평화를 위하여 종교시설을 이용하여 주기적으로 종교행사에 참여하는 것을 목격할 수 있다. 그 종교가 어떤 종류의 종교이든지 자신의 영적 건강을 위한 종교 행위는 영혼의 맑음과 평화를 가질 수 있는 장점을 가지고 있다.

다시금 우리 자신을 돌아보면 우리는 자신의 건강을 위하여 무엇을 하고 있는지 스스로 물어 보게 된다. 아마 건강하면 신체적 건강만을 생각하고 있지나 않은가 생각하게 된다. 신체적 건강만 생각하고 있으니까 먹는 것과 운동만을 하면 건강할 수 있다는 생각을 가진다. 그렇기 때문에 다른 건강에 대한 생각은 좀처럼 하지 않게 된다.

건강에 대한 이 같은 오해는 신체적 건강에 집착하게 되는 경우에 나타나게 되는 현상이다. 건강은 복합적 개념에 의해서 형성되는 것이기 때문에 이와 같은 오해에서 이해를 시작해야 할 것이다. 건강의 진정한 개념은 체력, 안정, 관계, 평화를 추구하는 과정에서 형성되는 것이다. 이러한 건강은 목적이 아니라 행복한 삶을 위한 수단이 될 수 있다. 자신의 능력을 실현하는데 건강은 중요한 요소라고 할 수 있다. 건강하고 나서야 자신이 원하는 삶을 개척 할 수 있는 것이다.

따라서 우리사회에 지배하는 있는 건강에 대한 오해는 신체중심의 사고와 신체적 건강 중심의 사고에서 나타나는 것을 엿볼 수 있다. 몸짱, 얼짱, 웰빙 등의 용어는 외면적으로 나타나는 것에 국한된 용어이다. 또한 신체적 건강을 추구하는 측면에서 나타나고 있는 현상의 결과라고 할 수 있다. 이러한 건강에 대한 맹신에서 벗어나 건강에 대한 바른 이해가 필요하다.

건강개념은 신체적, 정신적, 사회적, 영적으로 건강한 상태이다. 이러한 건강개념이 자신의 건강한 삶과 건강을 추구하는 삶의 자세가 건강개념에 대한 오해에서 벗어나 이해로 가는 일이라 할 수 있다. 바른 이해를 전제로 한 꾸준한 노력이 우리들의 건강한 삶을 유지하고 증진시켜 줄 것이다.

8

승리지상주의를 바로 보자

스포츠에서 승리는 다른 어떤 것보다도 중요하게 받아들여진다. 하지만 승리한다는 것이 그저 기분 좋은 것만은 아니라는 것을 경험해 본 사람들은 알 수 있을 것이다. 패배자의 슬픔이 존재하고 승리하기 위해서는 더 많은 희생이 따른다는 것이 승리를 가볍게 볼 수 없는 것이다.

물론 승리는 승리자에게 즐거움, 성취감과 더불어 사회적 지위, 명예 그리고 부를 가져다준다는 이점이 있다. 그럼에도 불구하고 승리가 비난을 받는 것은 무엇 때문인가. 승리는 모두 같은 것인가 아니면 다른 것인가. 이 같은 문제풀이의 해법은 승리의 해석에 달려있기 때문에 나는 그것을 지적하려는 것이다.

나는 승리지상주의가 현대스포츠의 비윤리적 문제의 원인이라는 과거적인 사고에서 이를 성토하려는 것이 아니다. 승리의 해석이 잘

못되었기 때문에 지금 승리지상주의가 문제라고 말하고자 하는 것이다. 이겨야 산다는 구호처럼 운동선수들은 반드시 승리를 해야 하고, 하려고 노력하는 것은 어떻게 보면 당연한 일이다. 그럼에도 불구하고 승리지상주의가 성토되고 있는 것은 승리를 잘못 이해하고 있기 때문이다. 승리지상주의는 해석상의 문제를 가지고 있다.

승리지상주의에서 말하는 승리 그 자체는 우리가 인식하고 있는 현상 이면의 또 다른 의미가 있다. 그것을 망각하기 때문에 윤리적 문제가 발생하게 되는 것이다. 이러한 윤리적 문제의 책임 전체를 전적으로 승리지상주의에게 넘기는 것은 문제의 해결에 별로 도움이 되지 못한 단편적인 시각일 뿐이다. 문제 해결의 단서는 승리의 해석에서 찾아야 할 것이다. 사실 승리는 기분 좋고 패배는 슬프다고 하는 것은 인식 차이에 불과하기 때문에 승리지상주의가 문제가 되지 않을 수도 있다.

승리는 크게 두 가지로 나눌 수 있다. 하나는 실재와 의미로서의 승리고, 다른 하나는 현상과 결과로서의 승리이다. 대부분의 운동선수들이 추구 하는 승리는 후자의 승리에 지나지 않는다. 그렇기 때문에 운동선수의 비인간화, 도구화, 소외현상이 끊임없이 불거져 나오는 것이다. 실재와 의미로서의 승리는 경기 내용에 충실하고 그 속에서 감동적인 교훈과 탁월한 신체를 발현 할 수 있게 한다는 이점을 가지고 있다. 이러한 승리에서 교육적 가치는 중요하고 인간성 회복에도 긍정적 기여를 할 수 있다는 장점을 가지고 있다.

승리는 현상과 결과로서 전광판에 의해서 평가되는 승리지상주의(부정적인)가 아니라, 실재와 의미로서 강조되는 승리지상주의(긍정적인)가 되어야 할 것이다. 물론 이것은 운동선수 각자의 운동경기에 대한 자신의 자아 인식과 자아실현 그리고 성장할 수 있는 의미의 공간이 되어야 한다는 것을 의미한다.

스포츠의 승리 가치는 그 자체에 내재해 있다. 그것은 마치 꽃의 아름다움의 가치는 바로 그 자체에 있을 뿐 어떤 목적에 비추어 계량화될 수 없는 것과 마찬가지다. 흔히 스포츠는 어떤 목적을 달성하기 위한 도구 과목으로 인식되어 왔다. 그러나 이것은 스포츠 그 자체의 의미와 가치를 망각한 인식에서 비롯된 것에 지나지 않는다. 스포츠는 도구가 아니라, 그 자체에 가치가 있는 것이다. 스포츠는 어떤 것을 위한 수단이 아니라 그 자체가 목적이며, 스포츠의 승리에 대한 가치는 결과와 상관없이 그것이 담고 있는 의미의 진실성, 과정 그리고 내적 가치에 의해서만 평가되어야 한다.

스포츠는 의미를 범주화시켜 규정할 수 있는 것이 아니다. 스포츠는 스포츠이다. 그 이상도 이하도 될 수 없다. 스포츠세계에서는 승리와 패배가 분명하다. 그러나 이러한 이분법적인 사고에는 그 자체에 문제가 있다. 왜냐하면 사실 그 자체를 왜곡시킬 수 있기 때문이다. 스포츠에서 승리는 다른 관점에서(의미와 실재)보면 패배일 수 있고, 또 다른 관점에서 보면 패배는 또 다른 의미(현상과 결과)로 승리일 수 있기 때문이다.

승리와 패배의 의미는 스포츠에 참여하여 체험하는 본인 자신(행위자)에 의하여 규정될 수 있는 것으로 남겨 놓아야 할 것이다. 비록 전광판의 점수가 패배를 나타낼지라도 그 속에서 최선을 다했다면 그에게는 자신만의 승리로 남게 된다는 말이다. 그리고 스포츠에서 승리는 기록과 자신의 한계를 극복하는 개인의 평가기준을 의미하는 것이어야 한다. 앞으로 실재와 의미로서의 긍정적인 승리지상주의가 넘쳐난다면 스포츠의 교육적 가치와 인성교육, 인간성 회복에 도움을 줄 수 있을 것이다. 이러한 승리지상주의가 학교체육, 운동경기를 포함한 모든 스포츠 현장에서 실현되기를 기대하는 이유이다.

9

우리 삶에서 놀이정신이 사라지고 있다

우리사회에 팽배한 의식은 빠름에 대한 지향성이라고 할 수 있다. 빠름의 원인은 경쟁정신을 통해서 나타나는 의식작용에 바탕을 둔다. 너나 할 것 없이 모두 빠르게 산다. 전화 한번 통화하기 조차 어렵다. 이 때문에 통화 할 때에도 상대에게 통화 가능한지를 우선적으로 묻게 된다. 모두가 시간이 없다고 한다. 과연 시간이 없는 것인가. 아니면 마음이 없는 것인가. 우리가 물리적 시간에 쫓기다 보니 마음이 없게 된다. 마음의 시간은 경쟁정신과 관계가 깊다. 경쟁정신은 우리 의식의 기층을 지배하기 때문에 마음의 여유가 없게 되는 것이다. 그렇다면 왜 우리는 이러한 시간의 지배를 받게 되었을까.

시간의 지배를 받게 된 것은 우리의식이 경쟁정신에 지배를 받기 때문이다. 경쟁정신은 인간의 본성이라고 주장하는 이들이 생각보다 많다. 과연 경쟁정신이 인간의 본성인지를 확인해보자. 원시의 삶을 살고 있는 아마존의 원주민의 생활상에서도 경쟁보다는 협동을 통해서 생존을 유지하는 것을 볼 수 있다. 이러한 예에 대하여 반박하는 사람이 있을 것이다. 지금은 원시시대와 다른 문화를 가지고 있다. 지금도 경쟁보다는 협동을 통하여 더 큰 결과를 가져올 수 있는 일들이 우리 주변에 산재해 있다. 인간은 사회적 동물이기 때문에 경쟁보다는 협동이 더 필요하다. 그럼에도 불구하고 경쟁정신이 왜 우리시대의 지배정신이 되었을까.

경쟁정신은 인간의 본성이기 보다는 산업사회 이후에 인위적인 시장 경제에 의해서 조작된 의식이라고 할 수 있다. 사회 전체가 큰 시장이기 때문에 그 시장에서 무엇인가 팔아야 생존할 수 있게 되었다. 이 때문에 인간은 살아남기 위하여 빠르게 생존정신에 길들여지고 우리 의식은 경쟁정신이 점유하게 되었다. 경쟁정신은 본성이 아니라 후천적으로 주입된 의식일 뿐이다. 경쟁정신은 경제발전을 위주로 한 국가발전과 기업이익을 위한 차원에서 강조되는 사항이다. 얼마나 빠른 시간 안에 얼마나 많은 것을 만들어서 얼마나 많은 돈을 벌어들일 것인가에 관심이 집중된다.

능력, 성과주의에 의해서 연봉과 월급을 주는 것은 경쟁정신을 부추기는 기업의 노림수라고 할 수 있다. 물론 능력에 따라 연봉을 받는 것은 자본주의 속성이기 때문에 이것을 탓하려고 하는 것은 아니다. 이미 우리의 시스템이 자본주의 시장경제의 논리가 지배하기 때문에 효율성과 돈의 논리가 지배하는 것은 어절 수 없는 일이다. 하지만 아쉬운 점은 이러한 구조가 경쟁정신을 강조하게 되어 우리 의식을 점유해 버린다는 것이다. 경쟁정신은 생산력 증가라는 장점을 가지고 있지만 개인의 특성과 창의성을 상실하게 하는 단점을 가지고 있다. 그런데도 사회는 경쟁정신을 만을 강조하면서 창의적 인간을 요구하고 있다. 창의적 인간은 놀이정신에서 형성되는 것인데 이것을 모르고 있는 것이다. 참 아이러니가 아닐 수 없다.

사회가 빠름을 지향하는 것은 모두 경쟁정신이 우리의 의식을 지배하기 때문에 나타나는 현상이다. 어떻게 우리는 경쟁정신을 가지고 살게 되었는가. 여러 가지 해석이 가능하지만 그 중에서도 학교체육에서 그 원인을 찾아보자. 학교체육에서 조차도 경쟁정신을 강조한다. 근대화 이후 잘살기 위해서는 남보다 빠르게 살아야 한다는 것을 학교에서 세뇌시켜 왔다. 그 주된 역할을 한 것이 학교체육이라고 본다. 학교체육의 목적은 전인완성이라는 원대한 것이지만 사실상 경쟁력을 부추기는 역할을 해왔다고 할 수 있다. 우리가 배우는 체육은 누가 빠른지, 누가 멀리 뛰는지, 누가 힘이 강한지에 주된 관심을 갖고 있었다. 개인들의 스포츠참가를 통해 얻게 되는 체험은 안중에도 없었다는 것이다. 평가에서도 기록이 주가 되기 때문에 기록이 저조한 학생들은 스포츠 자체에 흥미를 잃고 만다. 재미있으면서 하기 싫어지는 이유는 바로 여기에 있다. 경쟁정신이 타자를 소외시키는 것이다. 이러한 사실에서 과연 누구 스포츠를 즐길 권리를 학생들에게 강탈 했는지를 알 수 있게 한다.

우리시대가 요구하는 인간상은 창의적인 인간이다. 다문화와 다가치가 존재하는 세계에서 필요한 것은 경쟁적인 인간이 아니라 창의적인 인간이다. 창의적인 생각을 가진 이들에 의하여 세상을 변화되고 있다. 과거와 기존의 문화의 반복이나 답습이 아니라 새로운 생각을 가지고 시대가 요구하는 것들을 만들어야 하기 때문이다. 예를 들어 매일 올림픽이나 세계대회의 경기에 참여해야 하는 운동선수들의 의식을 생각해보자. 매일이 얼마나 힘든 시간일까 긴장과 이겨야 한다는 생각이 지배하기 때문에 부담의 연속일 것이다. 하지만 운동선수가 아니라 생활체육을 즐기는 사람이라고 생각한다면 매일이 경기가 아니라 즐거운 놀이로 생각될 수 있을 것이다. 그렇다면 경기결과에 지배받지 않기 때문에 부담에서 자유로울 수 있다. 거기에서 즐거운 삶이 보장되는 것이다.

이러한 예가 적절한 것인지 모르겠지만 개인의 좋은 삶을 위해서는 운동선수가 아니라 놀이꾼이 더 부합되는 것인지 모른다. 이런 차원에서 우리사회는 경쟁정신이 아니라 놀이정신이 더 요구되는 것이다. 경제적 풍요이기보다는 문화적 풍요가 개인의 복지에 더 절실히 필요할 것이다. 문화적 풍요는 인간 개개인의 창의적인 생각에서 생겨날 수 있다. 우리 생활의 활력과 좋은 삶은 그 자체가 놀이가 되는 것에서 찾을 수 있을 것이다.

자신이 하는 일이 생존을 위한 일이 아니라 놀이로서 즐겁게 할 수 있다면 그보다 더 좋은 일은 없을 것이다. 또한 그것은 삶을 풍부하게 할 것이다. 이 말은 일이나 직업에서 개인이 갖고 있는 놀이정신을 발동해서 창의적인 일들을 하자는 말이다. 경쟁정신은 빠름만을 강조하고 경쟁적 인간을 지향하기 때문에 인간의 삶을 황폐화 시킬 수 있다. 왜냐하면 사람들이 계속 생산력 경기에 출전해야 하기 때문이다. 하지만 놀이정신은 경기에 참가하지 않아도 되고 그냥 즐기면 되기 때문에 더 좋을 것이다. 우리사회에서 놀이꾼들의 놀이정신이 많이 발휘될 수 있다면 창의적인 문화를 만들어 갈 수 있을 것이다.

10

놀이에서 삶을 배운다

인간은 왜 놀이를 할까? 이에 대한 심리학, 생물학적 연구를 비롯해서 지금은 체육학, 사회학, 인류학 등 많은 분야에서 관심을 가지고 연구를 진행하고 있다. 그 동안 놀이의 발생에 대한 다양한 이론들을 제시해 왔다. 그 이론들은 과잉, 휴양, 생활준비, 반복 등의 이론들이다. 이 이론들은 지금과는 차이를 발견할 수 있는 과거의 놀이의 특성에서 연유하여 규정한 놀이 이론이라고 할 수 있다. 컴퓨터를 이용한 놀이를 하고 있는 지금의 놀이와는 상이한 차이점이 있다. 이 때문에 현 놀이에 대한 특성을 통하여 현실에 부합하는 새로운 놀이 이론을 정립이 필요하다.

학교에서 학생들을 유심히 관찰하다 보면, 재미난 공통점을 발견할 수 있다. 인간은 공부만 할 수가 없다는 것을 알 수 있다. 틈나는 대로 두 명 이상만 모이면 족구라는 놀이에 참여한다. 처음에 두 명으로 시작했는데, 시간이 갈수록 사람은 많아진다. 그리고 몇 사람으로 놀이 시간을 규정하지만 일단 놀이에 몰입을 하다보면 시간은 망각하고 놀이에 깊게 빠져든다는 것이다. 이러한 모습들은 흔히 볼 수 있는 모습 중에 하나이다. 대학의 강의실 복도에 대학생이 모여서 무엇인가 발로 차는 것을 볼 수 있다. 우유팩을 가지고 제기차기 같은 놀이를 하는 것이다. 이 같은 놀이는 삼국시대 신라의 김유신과 김춘추가 했던 축국과 크게 다르지 않다.

또 한 예로 초등학교 입학 전 아이들은 놀이가 그들의 생활세계 전부이다. 놀이에 빠져 '밥 먹어라', '밥 먹고 놀아라.' 하는 소리도 듣지 못하고 먹는 것 마저 귀찮아 잊고 놀이에 몰두한다. 그 아이들이 학교에 들어가면서 스포츠라는 놀이에 몰입한다. 놀이에 종류가 바꾸어 진 것 뿐 여전히 놀이에 시간가는 줄 모른다. 청소년들은 시간이 나면 스포츠에 대부분의 시간을 보낸다. 어른이 되면 놀이의 종류가 바뀌었을 뿐이다. 바둑, 장기. 화투(고스톱), 카드, 즉 놀이가 금전이 개입된 도박이 가미된 놀이가 된다. 이처럼 놀이의 변천을 살펴보면 인간의 성장모습과 연령층을 알 수 있을 정도이다. 인간의 놀이를 통하여 인간관계와 사회생활에 대한 기본적인 룰을 익히게 된다.

우리사회의 대중적인 놀이는 무엇인가. 노래방, 고스톱, 볼링, 찜질방 등 방문화로 대변된다. 이것을 국민들의 국민적 특성과 사회의 건전성을 평가하는 요소가 될 수 있다. 대부분의 놀이가 마시고, 노래하고, 춤추는 향락적인 면이 대부분이다. 우리는 건전한 놀이문화를 가지고 있냐고 누군가 반문하면 그렇다고 할 수 없을 것이다. 멋있게 놀 줄 아는 사람은 멋있는 인간 즉 문화인이다. 놀 줄 안다는 것은 위에서 제시한 카드와 고스톱의 능력이 아니라 얼마나 건전한 놀이문화를 가지고 놀 수 있느냐에 달린 것이다.

스포츠야말로 건전한 놀이문화를 선도 할 수 있는 이상적인 놀이라고 할 수 있다. 전 국민이 스포츠를 놀이로써 즐길 수 있는 생활 스포츠가 활성화된다는 것은 그만큼 국가가 건전한 사회가 될 수 있다는 것이다. 청소년 범죄, 마약, 성폭력 범죄의 증가는 몰입할 대상의 부재에서 오는 놀이 문화를 가지지 못하기 때문이다. 여가시간의 대부분을 향락과 탐닉의 순간적인 쾌락을 위해 사용하기 때문에 이 같은 범죄의 길로 접어드는 것이다. 이러한 놀이문화는 나라를 건강하지 못하게 하는 요인이다. 건전한 사회는 바로 국민의 건전한 놀이 문화에서 시작된다.

인간은 복잡한 동물이기 때문에 인간이 스포츠에 참여하는 동기를 논리적 및 합리적으로 설명하는 것은 쉬운 일이 아니다. 어린이들이 놀이나 스포츠의 효과를 이해하지 못하고 있지만 천진난만하게 즐기고 있는 것을 보면 인간의 스포츠 참여 동기는 논리적으로 혹은 합리적으로 때로는 비합리적으로 때로는 기분 내키는 대로 때로는 자포자기해서 행동하는 것이 바로 인간이기 때문이다. 놀이 능력은 자신의 삶의 질을 좌우한다. 맹목적인 놀이문화는 획일적이고 파행적인 인간성을 형성하게 한다.

놀이의 발생에 대하여 그 근원적인 고찰을 통해 몇 가지 이론을 살펴보았지만 각 이론의 장점과 단점이 있어 완벽한 이론이 없다는 것을 다시 한번 확일 할 수 있다. 놀이에 대한 발생원인을 충실히 고찰한다는 것은 사실상 어려움이 따른다. 놀이는 여러 경향에 의하여 발생하기 때문이다. 기존의 이론들을 가지고 지금의 문화 흐름 속의 놀이를 설명한다는 것은 불가능하고 놀이에 대한 이론 자체가 존재하고 있지 않다. 나는 이러한 이유에서 현존재의 놀이에 대한 관찰과 체험을 통해 중독이론과 소비이론을 생각해 보았다.

현재 한 국가 혹은 민족의 어린이가 어떠한 놀이를 하고 있는가. 놀이는 그 나라의 건강함의 척도와 미래문화의 향보를 점칠 수 있는 중요한 잣대가 된다. 바로 건전하고 건강한 놀이문화 속에서 자라난 어린이들은 건강한 나라의 시민이 되어 나라 발전의 공헌할 수 있는 지도자적 인물이 될 것이다. 반면에 비정상적인 놀이로 어린 시절을 보낸 사람은 반사회적 경향의 암적 존재로 전락하기 쉽다는 것이 나만의 기우는 아닐 것이다.

놀이의 부재에서 오는 양상으로 순간적인 타락과 퇴폐적인 쾌락주의에 탐닉하여 마약이 대중화되어 모든 국민의 폐인의 길을 걸을 수 있음을 확인할 수 있다. 쾌락은 일종의 절정체험으로 미적 체험을 말하는 것이다. 이러한 경험을 놀이에서 얻고 습관화되어 어른으로 성장하면 '놀 줄 아는 사람'으로 건전한 삶을 영위할 수 있을 것이다. 더욱 단축되는 업무에서 벗어나 그 외의 시간을 스포츠라는 놀이를 통하여 즐기는 건전한 사회가 될 수 있을 것이다.

국가를 하나의 생명체로 비유하면 국가의 건강은 바로 국민 개개인의 건전한 놀이 문화에서 비롯된다고 볼 수 있다. 놀이에는 어떠한 목적성이 개입되어서는 안 된다. 놀이는 놀이 자체로서 그 가치가 있는 것이다. 자발적인 욕구로 즐기는 것 가운데 놀이는 존재하는 것이다. 만약 놀이에 어떤 목적을 개입하면 그것은 통제와 억압의 제도와 구조 속에서 범주화되어 빠져 나가지 못하게 된다.

놀이를 하는 것은 인위적인 것이 아니다. 자연적으로 행하는 속에서 즐거움을 찾고 일상적인 생활에서 떠나(제도, 구조)놀이 속에 몰입하여 놀이와 내가 일치되었을 때가 놀이의 극치라고 볼 수 있다. 이러한 몰입상태를 절정체험, 즉 미의 체험이라고 할 수 있다. 미의 체험은 독서삼매경에 빠진 사람의 그 상태, 명상을 통한 몰입의 상태, 불교에서 말하는 열반의 세계로 비유할 수 있는 것으로 자유롭고 해방된 공간인 미의 영역이다. 누구나 미를 추구하고, 아름다움에 등을 돌리는 사람은 없다. 이 세상에 미의 체험에 쉽게 접근할 수 있는 것은 놀이를 통해서이다.

미적 체험은 가진 이들이 우리 사회의 다양한 분야에 많을수록 아름다운 사회, 건전하고 건강한 사회가 될 수 가능성이 있음을 경험을 통해서 확인할 수 있다. 만약 정치가가 정치를 미적 체험을 바탕으로 아름다움을 추구한다면 예술로써 정치가 가능하고 우리가 꿈꾸는 이상 국가에 좀더 가까이 접근할 수 있을 것이다. 우리가 지상에서 꿈꾸는 유토피아, 즉 인간의 고향인 에덴의 동산으로 복귀는 인간의식이 미적 세계에 도달 된 가운데 체험할 수 있는 것이 아닌가 생각해 본다. 미적체험의 공유가 아름다운 사회 건설에 큰 역할을 할 수 있을 것이다.

11

인간이 스포츠에 선행한다

현대 스포츠의 문제는 이론과 실천의 형태 모두에서 나타나고 있다. 이론의 문제는 학문의 세분화, 환원주의, 실증주의적 방법에 대한 맹신 등이라고 할 수 있다. 이에 비하여 실천의 문제는 경기스포츠의 타락, 선수들의 저 연령화, 승리지상주의에서 비롯된 경기스포츠의 상업화, 선수들의 약물 복용, 승부조작, 선수의 비인간화 등이라고 할 수 있다.

문제는 스포츠 그 자체를 도구화하는 데에서 발생하게 된다. 이는 결국 선수를 도구화하는 것을 의미한다. 도구화는 비인간화를 가져올 뿐만 아니라 인간성의 상실을 하게 된다. 이런 이유 때문에 스포츠의 존재이유는 망각되어 왔는데 그 중에서도 스포츠에 직접 참가하는 운동하는 주체에 대한 존재망각이 큰 문제이다. 스포츠의 외부적인 장애로 인하여 진정 운동하는 주체의 존재의미는 사라지고 있다.

지금의 스포츠의 현상은 '보다 빠르게, 보다 높게, 높다 멀리' 라는 올림픽의 모토가 상징적으로 암시하는 것처럼 선수들이 신기록을 위하여 필사적으로 노력하게 하는 결과를 가져왔다. 그 이유는 아마도 인간존엄성 혹은 인간 중심의 사유가 제거된 상태에서 발생한 것이라고 볼 수 있을 것이다. 그 결과 스포츠는 경쟁, 기록, 승리, 결과 중심의 스포츠로 변화되었고 이는 아직도 진행 중이다. 이러한 변화는 현대 스포츠의 발전을 가져온 대신 '스포츠 하는 기쁨'과 스포츠의 의미를 앗아갔다.

그 다음으로 우리가 간과하고 있는 것은 운동선수 혹은 스포츠참여자들이 개인적으로 경험하게 되는 스포츠체험의 의미라고 할 것이다. 그 경험은 지금까지 단지 '객관화의 중요성이라는 논리와 합리적이지 못하다는 이유로 배척당해 왔다. 그러나 우리에게 중요한 것은 과학적인 결과보다 개인의 경험세계일 수 있다. 개인적, 혹은 예술적, 직관적인 경험세계에 대한 중요성의 망각은 운동선수를 움직이는 운동기계로 간주도록 하기 쉽다.

이와 같은 위험을 예방하기 위해서는 운동선수 혹은 운동에 참여하는 사람들에게 인문정신을 함양하도록 하는 것(인간다움의 길에 대한 성찰)이 필요하다. 이러한 필요성의 제기는 단지 스포츠의 외적가치에만 치중한 나머지 우리에게 중요한 내적 가치에 대한 중요성에 대하여 망각하고 있는 현실에서 비롯된 것이다. 이기적인 탐욕과 물량주의적 상품화가 난무하는 현대 스포츠에서 우리들에게는 개인적 경험 세계와 자기의 정서적 영역의 확장이 보다 더 필요할 것이다.

현대 스포츠의 문제의 원인은 바로 경제적 효율성의 지나친 강조와 도구적 인간관계 그리고 맹목적인 승리의 추구를 종용하는 국가주의적 이데올로기와 자본의 상품화의 논리가 철저히 지배당하는데 있다. 이러한 현대 스포츠의 문제에 대한 대안적인 방법의 하나로서 인간의 얼굴을 한 스포츠를 말 할 수 있을 것이다.

우리의 얼굴에서 상실한 웃음을 다시 찾을 수 있는 길은 물질적 욕망을 줄이는 길이다. 오직 부와 명성, 권력을 향하여 달려온 우리의 얼굴은 필연적으로 웃음을 상실할 수밖에 없었다. 너무나 힘들게 앞만 보고 달려왔을 뿐만 아니라 살길은 이길 밖에 없다는 굳은 신념으로 매진하였다.

이것은 인간의 얼굴을 한 스포츠의 모습은 아니라 웃음을 상실한 비인간적 모습과 물질적인 욕망의 늪에 빠져서 갈 곳을 찾지 못하는 스포츠에 불과하였다. 이처럼 왜곡된 현상 때문에 인간존중, 인간애의 스포츠는 현실적 삶에서 멀어져만 갔으며 우리는 그것을 추종하는데 너무 많은 시간을 소비하였다.

우리의 얼굴에서 상실된 웃음을 회복하고 인간의 얼굴을 한 스포츠를 만들기 위해서는 무엇보다도 웃음을 상실하게 한 문제의 원인을 찾아내고 그 대안을 마련하는 일이다. 웃음의 상실의 원인은 기존의 경쟁, 승리, 기록, 결과 중심의 스포츠에서 찾았고, 이를 극복하기 위한 방법은 상생, 의미, 감동, 과정중심의 스포츠에서 찾을 수 있었다.

상생 중심의 스포츠는 운동주체가 상호간의 기술과 인격 발달의 조력자로서의 역할을 하는 가운데서 모두가 승리자가 되는 것을 말한다. 감동 중심의 스포츠는 성적에 대한 억압과 착취에서 벗어나서 스포츠 그 자체를 통한 보람을 얻는 것을 의미한다. 의미 중심의 스포츠는 객관적 의미와 주관적 의미로 구분이 가능하다. 전자는 문화로서의 스포츠의 역할을 말하며, 후자는 스포츠에서 개인적 의미를 찾자는 것이다. 과정 중심의 스포츠는 결과 중심의 스포츠가 가져오는 폐단을 없애고 과정 그 자체의 체험을 중요하게 생각한다.

무엇보다도 우리가 잊고 있는 진실은 인간이 스포츠를 위한 존재하는 것이 아니라, 스포츠가 인간을 위한 존재해야 한다는 사실이다.

우리가 무한대의 성장을 지향하는 가운데 스포츠에서 잊고 있는 것은 무엇이 우선적인 가치, 즉 가치의 위계질서이다. 가치위계질서의 파괴와 가치 전도의 혼란은 인간이 스포츠를 위하여 존재하도록 만들고 만들어가고 있다. 그것은 무엇이 중요하고 어떤 가치가 스포츠에서 우선 되어야 한다는 것에 대한 망각으로부터 비롯되었다.

물론 현대 스포츠의 문제의 원인을 제도적인 측면에서 찾을 수 있으나 무엇보다도 그 제도를 주도하는 인간에게 가장 큰 원인이 있음을 찾을 수 있을 것이다. 이런 까닭으로 스포츠의 존재이유에 대한 인간의 망각 때문에 인간의 얼굴에서 웃음을 상실하게 만들었다.

앞으로 스포츠가 인간을 위해 존재하는 스포츠 혹은 웃음이 넘쳐나는 스포츠가 되기 위해서는 지속적인 인간과의 만남을 통해서 인간들에게 기쁨과 감동을 제공할 수 있어야 하며, 인간애와 인간존중 그리고 주체와 객체가 분리되지 않는 모두를 위한 스포츠가 되어야 한다. 이런 스포츠는 상생, 의미, 감동, 과정 중심의 인간의 얼굴을 한 스포츠에서 찾을 수 있을 것이다.

12

몸에 대한 과잉예찬을 경계하라

몸은 정신이 배제된 상태에서 존재할 수 있는가. 몸은 정신들과 분리되어 있는가. 몸과 정신은 어떻게 연결되어 있는가. 하는 여러 의문을 가지게 된다. 몸이란 정신과 육체가 하나로 이루어진 총체적 실체이다. 몸은 사회적 산물임과 동시에 생물적 실체라고 보는 견해가 지배적이다. 몸은 살아있는 유기체로서 생명적 삶과 감각적 삶, 그리고 정신적 삶의 주관하는 통합적인 행위를 주도하는 일종의 행위주체라고 할 수 있다.

동물들의 몸은 생물학적 대상인 육체에 불과하지만 인간의 몸은 윤리적 행위주체와 심미주체 그리고 인식주체에 해당한다는 점에서 동물의 몸과 차이를 가진다. 몸은 사회학, 생물학, 의학 등 여러 학문 분야에서 연구관심의 초점이 되고 있다. 현실적으로 몸에 대한 관심은 다이어트와 건강, 장수에 대한 관심에만 집중되어 나타나고 있다.

이는 결국에 건강산업과 다이어트산업의 성장을 가져왔다.

우리 주변에서 흔하게 볼 수 있는 체형관리소, 비만 클리닉, 헬스장 등은 바로 몸에 대한 사회적 관심도를 보여주는 단적이 예가 된다. 그 만큼 오늘날 사람들의 몸에 대한 주된 관심은 눈으로 확인되는 몸에 집중된다. 분명한 결과를 얻을 수 있는 외모, 현상적인 면, 보여 지는 몸에 관심을 집중되고 있다.

사람들이 몸에 대한 관심과 투자는 바로 고대 그리스의 플라톤에서 근대의 데카르트에 이르기까지 그 동안 천대받아 왔던 몸의 제자리를 찾는 일이라고 할 수 있을 것이다. 하지만 몸의 대한 이 같은 현상은 확인할 수 있는 몸에 한정하여 투자하고 인위적으로 조작하는 데 집중되고 있다는 것이다. 역설적으로 회복한 몸의 지위를 사실상 상실하게 하는 일에 지나지 않으며 또 다른 측면에서 보면 몸의 상실과 학대를 의미한다.

몸의 상실은 몸의 학대를 의미한다. 상실에서 회복하고 나아가 지위를 확보하는 길은 몸이 객관적 대상으로서의 몸이 아니라 인식주체, 주체성의 향유 그리고 도덕주체와 심미주체로서의 몸을 확보하는 것이다. 이러한 몸의 지위 확보는 기존의 운동하는 몸에 대한 기계적이고 이분법적인, 그리고 수동적인 대상으로서의 몸에서 해방되는 길이다.

인간의 몸은 단순한 고기 덩어리, 동물적인 몸, 육체로 치부되는 그러한 몸과는 물질적, 질료적 차원에서는 동일하지만 차이점은 인식, 도덕, 심미주체로서의 몸에서 찾을 수 있다. 이것은 막스 셀러가 그의 저서 ≪우주에서 인간의 지위≫에서 인간은 인격을 갖춘 윤리적 실체이기 때문에 이 지상에 존재하는 여타의 다른 동물보다도 고귀하고 귀중하다고 한 말과 상통한다.

이제 플라톤이나 데카르트의 생각하던 몸, 즉 천하고 영혼의 감옥이며 볼 것 없는 그런 몸이 아니라 인간의 인격이 포함되어 있는 실체로서의 그런 몸의 지위를 확보해야 할 것이다. 하지만 문제는 몸의 대한 지나친 관심의 증폭은 또 다른 위험을 가져올 수 있다는 것이다. 이런 의미에서 다음의 글은 몸에 대한 우리의 관심을 어떻게 조명해야 하는 가를 말해주고 있다.

몸에 대한 지나친 몸 예찬론에 대한 위험성을 우리가 직시하고 이것을 몸의 지위를 고양시키는 길이라고 왜곡하지는 말아야 할 것이다. 이와 더불어 몸의 지위를 회복하는 길은 몸을 생물적으로 파악하기보다는 인격과 실천하는 실체로 파악하는데서 시작된다.

13

사회가 스포츠에서 배워야 할 네 가지

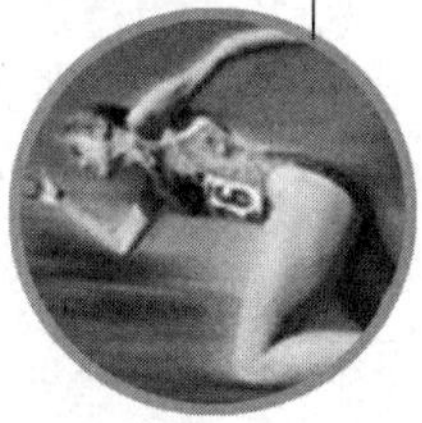

우리가 살면서 배워야 하는 것은 학교에서만이 아니라 여러 곳에서 다양한 것들을 배우게 된다. 그 중에서 스포츠에서 배워야 할 것들에 대하여 한 번 생각해 보자. 사람들은 스포츠를 너무나 가볍게 본다. 스포츠는 단순한 볼거리에 불과할 뿐 배울 것이 없다고 생각한다. 하지만 스포츠에서 배워야 하는 것들은 생각보다 많이 있다. 그것들은 우리가 일상의 삶에서 살면서 잘 행하지 않는 것 들이 대부분이다. 그럼 스포츠에서 배울 수 있는 몇 가지를 알아보자.

첫째, 규칙준수이다. 예를 들어 황우석 교수팀의 문제에 대하여 알아보자. 이 문제는 생명윤리의 차원이기 보다는 연구윤리의 문제라고 할 수 있다. 단지 규칙을 준수하지 않았기 때문에 제기될 수 있는 문제이다. 연구윤리는 모든 연구자들이 숙지하고 있어야 하며 지켜야 하는 연구규칙이라고 할 수 있다. 스포츠경우 규칙은 곧 스포츠가 되기 때문에 규칙 준수 없는 스포츠는 경기 자체가 성립될 수가 없다. 그 만큼 스포츠에서 규칙준수는 중요하다. 사회가 스포츠에서 배워야 할 것 중에 하나가 바로 규칙준수이다. 황우석 교수팀 역시 연구원의 난자를 사용했다는 것은 규칙 위반에 해당한다. 그렇기 때문에 연구 자체가 성립되지 못한다는 비난을 들을 수 있을 것이다.

둘째, 페어플레이이다. 이는 형식적인 구호만이 아니라 현실에서 지켜져야 할 항목이다. 공정한 경쟁을 통해서 좋은 결과를 얻을 수 있다. 공정성이 결여된 연구, 수단과 방법을 가리지 않고 결과만을 추구하는 경기는 호응을 얻기 쉽지 않다. 황교수 팀은 줄기세포를 연구하는 연구자들과의 공정한 경쟁에 대한 문제가 제기될 수 있다. 우리 사회는 결과만을 보고 연구의 성과를 인정하기 때문에 나타나는 현상이다. 이는 과정을 중요하게 생각하지 않는다는 것을 의미한다. 이것은 스포츠에서 보면 일종의 반칙이다. 줄기세포 연구에서 황우석 교수팀은 반칙을 범했다고 할 수 있다. 스포츠에서 굳 파울이라는 말이 있다. 반칙이 어떻게 좋은 반칙이 될 수 있는가. 자국의 입장에서 볼 때 반칙임에도 불구하고 자국에 이익이 있기 때문에 생겨난 용어이다. 황우석 교수팀 역시 반칙을 했지만 결과가 좋기 때문에 문제가 없다는 말과 같게 들린다. 공정한 경쟁은 연구자들 간에 지켜야 할 일종의 규칙준수이다. 규칙준수는 연구결과를 합법적으로 인정받을 수 있는 조건이다.

셋째, 도전정신이다. 스포츠는 인간 한계를 도전한다. 그것이 운이나 요행에 의한 도전이 아니라 인내와 노력이라는 과정을 거친 도전이라고 할 수 있다. 그런 만큼 스포츠는 정직하다는 말과 일치한다. 현실에 안주하지 않고 새로운 것에 대한 도전하는 정신이 스포츠를 발전하게 한다. 줄기세포연구에서도 같은 선상에서 이해할 수 있을 것이다. 무수한 실험과 연구결과를 기다리는 지루한 시간은 연구자들의 인내와 노력을 요구한다. 이것은 일종의 도전정신이라고 할 수 있다. 도전정신이 인류의 삶을 진보하게 만들었다면 연구나 경기도 진보하게 한다. 줄기세포 연구 역시 여론에 좌우되지 말고 연구자들의 지속적인 도전정신이 발휘되기를 기대한다.

넷째, 정신집중이다. 인간이 불행한 것은 한 곳에 집중하지 못하기 때문이다. TV를 시청해도 채널이 한 곳에 고정될 시간이 없다. 그 만큼 집중을 하지 못하기 때문에 불행한 것이다. 스포츠에서는 몰입의 힘을 발견할 수 있다. 이를 통하여 삶의 기쁨을 얻을 수 있게 된다. 사회의 몰입(집중력)의 상실은 결과위주의 사고에서 비롯된 것이다. 과정을 중시하고 성실과 노력을 통하여 무엇인가 이룰 수 있다는 생각이 필요하다. 하지만 사람들은 운과 요령을 기대어 어떤 성과를 기다리게 때문에 집중을 하지 못한다. 어떤 대상의 집중은 몰입의 즐거움을 경험하게 할 뿐만 아니라 삶의 즐거움을 가져다주기도 한다. 연구자들은 연구의 몰입을 통하여 발견의 즐거움을 얻을 수 있을 것이며, 선수들은 경기에 몰입함으로서 경기를 즐길 수 있을 것이다. 실험실과 경기장은 다른 공간이고 그 속에서 활동하는 연구원과 선수들은 하는 일이 다르지만 분명한 것은 몰입해야 좋은 결과를 얻을 수 있다는 평범한 진리는 같다는 것이다.

이상과 같이 사회가 스포츠에서 배워야 할 것들에 대하여 알아보았다. 규칙준수, 페어플레이, 도전정신, 정신집중 등이 사회가 스포츠에서 배워야 할 것 들이다. 우리 사회에서 이러한 것들을 여전히 지켜지지 않고 있다. 사회는 유용성과 경제적 가치로만 모든 것을 평가하고 소리 높여 외치고 있지만 정작 중요한 것은 이러한 항목들이다. 모든 사람들은 중요하다고 생각하지만 현실에서는 좀처럼 지켜지지 않는다. 그 때문에 삶은 혼돈스럽다. 왜냐하면 일종의 약속들이 지켜지지 않기 때문이다. 당장 눈앞에 이익 때문에 과정이라는 노력과 인내의 시간을 기다리는 여유를 찾지 못한다. 최소한의 규칙준수는 살아가면서 지켜야 할 기본적인 룰이다. 줄기세포 연구나 스포츠의 경우나 공정한 경쟁을 통한 승리추구만이 정당성을 얻을 수 있다. 공정한 경쟁이 우선적으로 요구된다.

생각 2 : 현장에서

1

당신은 어떤 놀이를 하며 사는가

놀이연구에 대한 요한 호이징하의 공헌은 실로 위대하다고 할 수 있다. 그는 인류의 문화는 놀이에 바탕을 두고 있다는 사실에 대하여 학문적인 접근을 처음으로 제시하였다. 인간을 놀이하는 인간이라고 규정하고 방대한 역사적 자료를 가지고 모든 문화 내에서 놀이의 흔적을 찾아내었다. 그의 연구에 이어서 로제 카이와는 놀이문화는 네 가지로 구분하여 인류의 문화를 분석하였다. 지금 우리사회 역시 네 가지 정도의 놀이문화의 형태로 분류된다. 로제 카이와가 분류한 4가지 형식은 경쟁, 운, 모의, 현기증이다. 이 네 가지의 놀이본질을 가지고 우리사회의 놀이문화를 진단하여 보자.

첫째, 경쟁이다. 경쟁의 형태로 나타나는 놀이문화는 운동문화이다. 사회현상에서 이종격투기와 같은 과도한 경쟁을 유도하는 운동들이 사회의 관심을 받고 있다. 피를 보면서 열광하는 격투기에 사람들이 많은 관심을 가지는 이유는 현실의 스트레스를 해결하기 위함과 욕망을 정화시키려고 한 장치라고 할 수 있다. 경쟁의 과열된 운동문화는 폭력의 카타르시스의 역할을 하고 있다는 긍정적 시선도 있지만 이는 경쟁부분이 과열되어 나타나는 놀이의 타락이라고 볼 수 있을 것이다. 지나치지 않은 경쟁적 행위는 삶의 스트레스 해소와 욕망을 실현하는 중요한 장치의 역할을 할 수 있지만 과열된 경쟁은 문제를 만든다.

둘째, 운이다. 운의 형태로 나타나는 놀이문화는 복권문화이다. 인생은 한방이라고 하는 말이 일상적 우리 사회를 점유하고 있다. 로또 복권의 광고가 우리 의식을 지배하고 있기 때문에 사람들이 현실적 삶에서 벗어나는 길은 복권과 도박을 통해서 가능하다고 것이다. 부자가 될 확률이 적기 때문에 부자가 되고 싶은 욕망의 실현을 복권과 도박을 통해서 해소하는 것이다. 대박은 개인의 능력보다는 운에 의존하는 부분이 많다. 문제는 적당한 복권 구입은 여가행위로서 가능하지만 그 정도가 지나치면 문제가 발생한다. 자기 재산의 상당 부분을 도박이나 복권에 투자하다 보면 가정경제의 파탄과 국가의 경제의 악 영양을 비칠 수 있을 것이다. 문제가 있다고 합법화된 복권과 도박을 금지하는 것은 해결책이 되지 못한다. 적당한 복권과 도박만이 우리들이 가지고 있는 운에 대한 욕구를 해소할 수 있을 것이다.

셋째, 모의이다. 모의 형태로 나타나는 놀이문화는 영상문화이다. 영화, TV, 인터넷 등의 영상문화가 우리 놀이문화의 대부분을 점유하고 있다. 어린이들과 청소년들의 온라인 게임은 중독의 수준을 넘어 거의 일상화되고 있다. 온라인중독은 청소년들을 폐인을 만들고 깊은 생각과 진지함 고민을 하지 못하게 하는 경향이 있다. 이러한 중독현상이 청소년들은 사회적 범죄와 연결되어 나타나는 크고 작은 사건들에 주목할 수 있다. 인터넷을 매개로 이러지는 10대들의 원조

교제와 성매매 등 부정적 영향을 가져다주고 있다. 인터넷이 편리함과 긍정적 영향을 주지만 놀이문화의 측면에서 보면 영상문화는 새로운 시대의 새로운 놀이문화라고 할 수 있다.

넷째, 현기증이다. 현기증 형태로 나타나는 놀이문화는 음주문화이다. 음주는 여가행위라고 할 수 있다. 인간관계와 직장인들의 여가행위 즉 놀이문화로서 음주를 일상화 되어 있다. 술 먹지 않고 놀 수 있는 방법은 많이 있지만 술이 대부분을 차지하는 것은 놀이문화의 부재를 암시하는 것이다. 술을 먹는 분위기는 의사소통과 화해를 할 수 있는 이점을 가지고 있지만 그 원래의 목적은 상실하고 술이 주가 되기 때문에 문제들이 발생하는 것이다. 과음과 음주문화와 관련된 서비스산업은 사회의 건강을 해치는 악이라고 할 수 있다. 룸싸롱, 성 매매, 노래방 등 술 관련 서비스산업이 경제를 살릴 수도 있지만 건강한 사회에 역행하는 일들이다. 심지어 국내의 음주에 관련된 산업에 종사하는 사람들이 멀리 몽고에 까지 진출하여 그 것에서 술 관련 사업을 확장하여 그 사회의 건강을 해치고 있다는 한 몽고인의 말에 귀 기울여야 할 것이다. 우리 사회의 음주문화를 해외 몽고에 까지 수출하여 그대로 재현하고 있다는 점에 놀라지 않을 수 없다.

이상과 같이 우리 놀이문화에 대하여 알아보았다. 지금 우리 놀이문화는 타락의 징후를 보여주고 있음을 알 수 있다. 놀이문화의 타락은 과도한 집착과 과열 때문에 나타나는 현상으로 해석된다. 우리가 경계해야 할 것은 경쟁, 운, 모의, 현기증 등의 과열과 집착 그리고 편중된 놀이문화이다. 진단을 통하여 발견한 문제는 집착과 과열에 따른 놀이의 타락이다. 인간은 놀이하는 존재이고 모든 인간의 행위를 놀이행위로 볼 수 있다. 하지만 그 놀이정신의 중용적 발현이 요구되는 이유도 여기에 있다. 우리사회의 놀이문화의 건강지수를 일정한 거리를 유지하면서 보면 그리 높지 않음을 알 수 있다. 그 이유는 놀이의 과열과 집착 때문이다. 놀이의 타락에서 벗어나는 길은 놀이 그 자체를 즐길 수 있는 문화를 실천하는 것이다. 이것이 오늘 우리의 놀이문화의 숙제이다. 한 나라의 문화수준의 척도는 놀이에서 찾을 수 있다고 한다면 과연 우리 놀이문화의 수준은 어디쯤 가고 있을까?

2

오심은 선수를 두 번 죽인다

2004년 올림픽은 근대올림픽이 아테네에서 열린지 108년 만에 올림픽의 고향이자 신들의 나라인 그리스 아테네에서 개최되었다. 이번 올림픽은 전 세계 IOC 회원국 202개국 1만 5000여명의 선수들이 참가한 화합의 장이었다. 뿐만 아니라 테러의 공포에서 벗어난 안전한 올림픽이었다. 그러나 도핑과 오심 그리고 경기운영상의 문제점을 남겼다. 그 중에서도 심판의 판정에 의해서 승패가 결정되는 승마, 체조, 역도, 투기종목의 일부에서 일어난 오심 또는 편파판정이 매우 큰 문제가 되었다. 특히 우리나라 선수 중에 체조의 양태영과 여자역도의 장미란 선수의 판정에 대한 오심이 국내외적으로 문제가 되고 있다.

심판의 편파판정과 오심은 왜 일어나는가? 사람들은 대개 심판도 사람이기 때문에 오심이 일어난다고 말한다. 사람은 컴퓨터나 기계가 아니기 때문에 오심의 가능성을 늘 가지고 있다는 것이다. 하지만 올림픽이나 국제대회에서 해당 종목을 판정하는 심판은 국제심판자격을 가지고 있을 뿐만 아니라 해당 종목의 룰을 다른 어느 누구보다도 잘 알고 있는 사람이다. 그럼에도 불구하고 심판이 편파판정 또는 오심을 행하는 것은 판정능력이 부족하기 때문이 아니라 도덕성이 부족하기 때문이다. 어떻게 보면 심판들에게는 판정 능력보다는 도덕성이 더 필요한지 모른다. 이 말은 심판은 사람이기 때문에 외부의 압력에 의하여 편파판정을 할 수 있는 가능성을 가지고 있다는 것이다. 그러하기 때문에 심판에게는 심판능력의 자질 이외에 책임의 윤리에 대한 자각이 필요하다.

심판의 편파판정 또는 오심은 선수를 두 번 죽이는 것이다. 첫 번째는 선수들이 지닌 올림픽 정신과 스포츠정신을 훼손하는 것이다. 심판의 편파판정은 선수들에게 공정한 경쟁과 화합과 평화 그리고 불굴의 인간정신의 승리에 대한 노력을 헛된 것으로 만들어 스포츠 그 자체의 순수성의 상실하게 한다. 두 번째는 선수들을 좌절시키고 경기수준을 떨어지게 하며 탁월성의 추구를 위한 선수들의 최선의 노력이라는 아름다움의 정신을 훼손하는 것이다. 선수들이 바라는 것은 자신이 노력한 만큼의 결과를 얻는 것이다. 그러나 현실은 국가와 자본의 논리에 의하여 경기의 승패가 결정되는 경우가 종종 있다. 이것은 스포츠 그 자체를 수단화하고 도구화하는 측면이 강하기 때문이다.

심판의 편파판정 또는 오심에 대한 해법은 먼저, 개인적 차원에서 해당 선수나 감독이 경기 중 발생하는 심판의 오심에 대하여 빠르게 지적하고 이의를 제기하는 일이다. 그리고 제도적 차원에서 심판이 편파판정 내지 오심을 할 수 없도록 견제할 수 있는 힘이나 강력한 대항력을 행사할 수 있는 장치가 마련되어야 한다. 개인의 의지와 제도의 조화와 균형에 의한 심판 판정이 이루어진다면 심판 자신의 어떠한 논리에도 좌우되지 않게 될 것이다.

오심을 사전에 예방하는 것은 올림픽이나 국제대회에 참가한 선수들의 노력이 헛되지 않도록 하기 위해서 꼭 필요하다. 올림픽을 준비하는 4년 동안 절제와 인내 그리고 노력을 통해서 경기장에서 흘린 땀의 가치가 어떠한 논리에도 영향을 받지 않고 노력한 만큼의 결실을 얻을 수 있어야 할 것이다. 이를 위하여 심판은 오케스트라의 지휘자와 같이 경기를 조율하는 것이 필요하다. 심판은 승패에 결정적인 영향을 행사해서는 안 되고 선수들의 실력이 최대한 발휘될 수 있도록 해야 한다. 심판은 불신과 조소의 대상이 아니라 존경받는 심판이 되어야만 한다.

국제적으로 심판의 오심에 대한 민감한 반응과 분노를 보이는 것도 중요하지만, 빈번하게 발생하는 국내 심판의 오심의 문제로 시선을 돌리는 것도 필요하다. 국내에서도 일부심판에 의해 정치적 논리(학연, 지연, 혈연)와 이해관계에 따른 오심이 행해지고 있다. 심지어 운동경기의 승패는 밤에 이루어진다는 말이 있을 정도이다. 이 같은 말이 사실이 아니기를 기대하지만, 우리의 현실은 아테네 올림픽의 심판 오심문제만큼 심각하다. 외국에서 심판을 영입하는 일은 이 문제의 심각성을 반증하고 있는 것이다.

명백한 오심의 문제는 빠른 대응으로 판정을 돌릴 수 있지만 너무 민감하게 심판의 판정을 불신하고 판정을 인정하지 않으려는 자세 또한 심판의 오심 이상으로 경계해야 할 문제이다. 심판의 권위가 붕괴되어 경기 자체의 룰(질서)이 붕괴되면 경기장에서는 유치한 동물들의 싸움이상을 기대하기 어려울 것이다. 심판의 권위가 사라지면 스포츠는 타락할 가능성이 높다. 특히 과도한 경쟁과 승리지상주의가 지배하는 운동경기에서 잠재된 애국심과 민족주의가 표출되어 이성을 잃고 감정에 사로잡혀 무조건 자국의 선수가 승리해야 한다는 생각을 가지기 쉽다. 심지어는 심판의 작은 실수도 용납하지 않으려는 태도를 취하기도 한다. 우리는 이것을 경계해야만 한다.

한 예로 동계올림픽의 쇼트트랙의 김동성 선수가 오심에 의하여 미국의 안톤 오노에게 금메달을 빼앗긴 일로 우리 국민들이 분노하여 감정적 대립으로 인한 반미운동이 확산된 적이 있다. 이번 올림픽에도 역시 미국의 체조선수 폴 햄의 금메달에 대해 국내에서는 금메달을 도둑맞았다는 여론이 형성되고 있다. 이것이 미국과의 외교적 마찰로까지 확산되지는 않겠지만 미국에 대한 감정이 안 좋아지는 것만은 확실하다. 하지만 스포츠 그 자체는 가치중립적이다. 따라서 정치적, 경제적 논리에 의하여 스포츠를 도구화하고 수단화하는 것을 경계해야 한다.

우리는 너무나 경기에 몰두하여 상대선수를 적으로 간주하고 자국선수에게 내려지는 약간의 불리한 판정조차도 수용하지 않으려고 태도를 쉽게 발견할 수 있다. 이제 일정한 거리 두기를 통하여 심판의 판정을 보고, 심판의 권위를 존중할 줄 아는 자세 또한 필요하다. 선수 역시 심판의 판정에 너무 신경을 곤두세우지 말고 경기 자체를 실력으로 승부한다는 생각이 요구된다. 그렇다고 심판의 오심에 대하여 침묵하라는 것이 아니다. 합리적 절차를 통한 항의와 이의 제기 역시 필요하다. 그러나 심판에 판정에 너무 민감하게 반응할 필요는 없다.

이제 우리는 심판의 판정을 존중하고 상대나 상대팀의 탁월하고 완벽한 기술에 대하여 박수를 보내고 수준 높은 경기를 즐길 수 있는 성숙함을 지녀야 한다. 심판의 판정이나 자국의 선수나 팀의 승패에 너무 몰두하다 보면 스포츠가 제공하는 많은 가치들 중에서 놓치게 되는 것이 너무나 많아지기 때문이다. 소 잃고 외양간 고치는 격이 된다는 것이다. 한 예로 2002년 월드컵은 세계수준의 축구경기를 국내에서 직접 관전할 수 있는 호기였다고 할 수 있다. 하지만 16강 진출이라는 과열된 국민적 열광은 한국선수들의 경기만을 몰두하다가 다른 나라들의 수준 높은 경기를 관전하지 못한 측면이 있다는 것이다.

3

학교에 가고 싶다

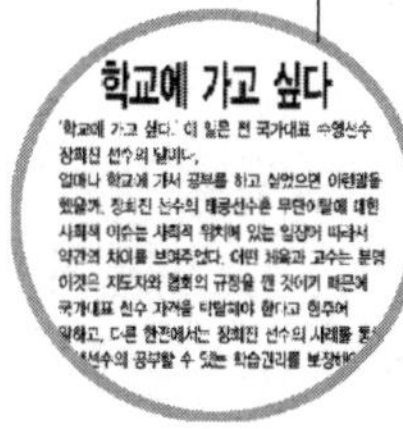

'학교에 가고 싶다.'

이 말은 전 국가대표 수영선수 장희진 선수의 말이다. 얼마나 학교에 가서 공부를 하고 싶었으면 이런 말을 했을까. 장희진 선수의 태릉선수촌 무단이탈에 대한 사회적 이슈는 사회적 위치에 있는 입장에 따라서 약간의 차이를 보여주었다. 어떤 체육과 교수는 분명 이것은 지도자와 협회의 규정을 깬 것이기 때문에 국가대표 선수 자격을 박탈해야 한다고 힘주어 말하고, 다른 한편에서는 장희진 선수의 사례를 통해서 학생선수의 공부할 수 있는 학습권리를 보장해야 한다고 주장하면서 서명운동을 펼친 일이 있었다.

지금은 이 일은 언제 있었나 하는 생각마저 들 정도로 우리의 기억 속에서 사라졌다. 이미 잊혀진 일에 지나지 않지만 우리사회의 당연히 해오던 것에 문제를 제기한 일이다. 현재 장희진 선수는 미국고

교에 유학을 가서 공부도 하고 수영도 지속적으로 하고 있다. 이 같은 일은 도대체 우리 사회에서 보기 어려운 일로 치부하는 이유는 무엇인가. 운동선수가 공부를 잘한다면 희귀한 일에 지나지 않은가. 특별하고 예외적인 선수의 경우에만 해당하는 일이다. 이미 많은 운동선수는 공부하지 않는 것을 당연하게 알고 있으며, 지도자들에게 순응을 배웠기 때문에 공부하지 않고 운동만 열심히 하는 룰을 깨려고 하지 않는다.

선수들은 태릉선수촌에서 격리되어 훈련만 하는 것에 대하여 불만을 가지고 있을지 몰라도 겉으로 표출하지 않는다. 아니 표출하지 못하고 있다. 그것은 운동선수 개개인의 개인의 자율권을 박탈하는 비인권적인 행위하고 할 수 있다. 사회주의 국가체계도 아니라 자유로운 민주주의 사회에서 국가를 위하여 개인의 희생을 정당하게 요구하고 있는 것이다. 선수들의 사생활 보호와 자발적인 훈련 참여보다는 국가권력의 강제력을 선수들에게 가하고 있는 것이다. 이 일에 대하여 한번 진지하게 생각해 봐야 할 문제이다. 국가가 개인에게 행하는 폭력이라고 할 수 있다. 선수들의 암묵적 동의한 것으로 인정하고 그들에게 강요하는 것이다.

우리 사회는 운동선수가 공부하는 것에 대하여 별로 관심이 없다. 공부하는 운동선수는 별종으로 취급할 정도이다. 이미 학생들은 학교생활을 통하여 운동선수들에 대한 기억을 가지고 있기 때문에 이것이 선입견으로 아주 강하게 작용하고 있다. 운동선수는 운동만 하면 된다는 사고방식이 상식으로 통하고 있다. 이와 같은 사회적 관습을 다음의 넷 가지로 설정해 보았다. 이러한 정당한 생각이 얼마나 잘못된 것이진 하나씩 차례로 상세하게 의문을 제기해 보자.

첫째, 공부와 운동의 병행은 불가능하다. 교육부에서 운동선수는 5교시까지 공부하고 이외에 시간에 운동을 하라고 권고하고 있다. 하지만 이것을 지키는 학교는 없어 보인다. 지도자들은 이구동성으로 다른 학교에서 규정을 지키지 않기 때문에 우리도 경쟁에서 이기기 위해서는 규정을 지킬 수 없다는 자기 합리화 현상이 지배적이다. 이 규정을 지키고서는 다른 학교들과의 대결에서 승리할 가능성이 희박하기 때문이다. 아마 전국의 학교들이 이 규정을 동일하게 지키고 같은 연습시간을 지킨다면 이 규정을 나름대로 그 역할을 할 수 있을 것이다. 하지만 현실은 그러하지 않다는 것이다. 학생들은 전국대회 우승을 통해서 좀더 좋은 학교에 진학시키고, 감독 또한 우수한 지도자라는 사회적 인정과 자신의 직업적 안정을 위하여 끊임없는 훈련을 선수들에게 강요한다. 전국대회에서 승리하기 위해서는 공부시간을 줄여서 연습시간을 확보해야 한다. 그렇기 때문에 교실에 들어가지 않고 오전부터 오후 늦게까지 운동만을 강요한다. 초등학교 시작부터 운동만 하고 수업에 참여하지 못하기 때문에 기초실력을 쌓지 못하고 상급학교 진학을 하는 것이다.

첫 단추를 잘 시작해야 하는데 이것이 잘 이루어지지 않았기 때문에 지금과 같은 문제점을 가지게 되었다. 심지어 글을 읽지 못하는 운동선수가 출현하는 것이다. 공부는 철저하게 단계적인 일이기 때문에 하루아침에 도달할 수 있는 것은 아니다. 공부에는 엘리베이터가 적용되지 않는다. 단계를 생략하고 공부를 할 수 있는 것이 아니다. 그렇기 때문에 초등학교 때부터 운동선수의 학습 권리를 보장하는 것이 필요하다. 운동보다 공부가 더 중요하다는 것을 어린 학생들에게 가르쳐 줄 필요가 있다. 전국대회 우승을 해서 상급학교 진학을 할 수 있지만 그것은 지엽적인 일에 불과하다. 지금과 같이 공부하지 않는 학생선수들이 양산되는 일들이 계속 진행될 뿐이다.

공부와 운동의 병행은 불가능한 것이 아니라. 잘못된 고정관념내지는 선입견의 결과라고 할 수 있다. 공부하면서 운동하는 선수들은 생각하는 운동선수라고 할 수 있다. 운동은 몸으로만 하는 것이 아니라 대부분이 머리싸움이라는 것이다. 운동만 잘 하는 것이 아니라 공부 잘하는 선수가 더 높은 기량을 보일 수 있다. 생각하는 운동선수는 공부를 통해서 교육되어 질 수 있다. 자신이 배우고 싶은 공부를 하면서 자신의 미래를 준비할 수 있을 것이다. 지금 공부하지 않으면 미래의 직업선택의 폭이 좁아진다.

대학에서 강의를 하다보면 나이 많은 운동선수 출신의 학생들을 만날 수 있다. 그들은 정말 열심히 공부한다. 기회가 없었기 때문에 공부를 하지 못한 것이지 머리가 나빠서 공부를 하지 못한 것은 아니다. 머리가 나쁜 애들이 운동한다는 그런 편견에 사로잡혀 있었다. 하지만 그들에서 공부할 수 있는 기회가 없었기 때문이지 공부를 못해서 그런 것이 아니다. 이들은 많은 나이에도 불구하고 우수한 성적을 유지한다. 학습의 권리를 운동을 한다는 이유로 빼앗겨 버린 것이다. 공부와 운동의 병행은 어린 나이부터 습관을 형성해서 할 필요가 있다. 공부 못하면 우수한 선수가 되는 것이 어려운 일이라고 알려줄 필요가 있다.

둘째, 운동만 잘하는 된다. 다른 것은 못해도 운동만 잘하면 명예도 얻고 잘 살 수 있다고 어른들은 학생들에게 가르친다. 다른 것은 잘 할 필요가 없다. 오직 운동만 하면 된다는 생각이 많은 운동선수들은 가지고 있다. 물론 운동만 잘 하면 먹고사는 것에는 문제가 없다. 하지만 운동만 하고 살수가 없는 것이 삶이다. 다양한 문화를 경험하고 상식을 가지고 다른 사람들과 대화를 나누며 사는 것이 삶의 일상의 모습이다. 이런 일상의 모습에서 격리된 삶을 살아갈 수는 없는 일이다.

운동만 하다 보면 친구도 없고 대화에서도 소외되는 현상을 목격할 수 있다. 풍부한 상식이 있어야 대화에서 소외되지 않는다. 지금과 같이 초등학교부터 대학교까지 운동만 강요하는 것은 학생을 반쪽으로 만들 수 있는 위험을 가지게 한다. 다양한 경험을 할 수 있는 기회를 만들어 주어야 할 것이다. 운동도 하고 공부도 하는 모습이 좋은 모습이라고 할 수 있다. 또한 운동만 잘해서는 나중에 훌륭한 지도자가 될 수 없다는 것이다. 운동선수는 운동만 잘해도 되지만 이후의 지도자로서의 삶은 전문지식과 풍부한 상식이 필요한 직업이다.

셋째, 운동만 해도 먹고사는데 문제가 없다. 먹고사는 것은 생존적 차원의 문제이다. 우리는 빵만 먹고 살 수가 없는 존재이다. 실존적 차원으로 문화, 음악, 미술, 영화, 문학 등 다양한 분야의 섭렵을 통하여 폭넓은 문화능력을 가지고 이를 향유하는 삶이 인간다운 삶이다. 돈으로 모든 것을 할 수 있다는 논리는 그릇된 생각이다. 돈으로 할 수 없는 일은 생각보다 많이 있다. 돈만으로 모두 것을 할 수는 없다. 그런데 운동만 잘하면 부자가 된다고 해도 먹고 사는 문제의 한계에서 벗어날 수가 없게 된다. 너무나 운동선수에게 먹고사는 일에만 신경 쓰도록 하기 보다는 미래의 삶을 준비하기 위해서 다양한 체험과 교양을 쌓도록 하는 것이 더 요구된다.

운동선수는 선수생활 이후에 모든 선수들이 감독이나 코치를 직업으로만 선택하는 것이 아니다. 직업선택의 폭을 넓히기 위해서는 체육이외에 다양한 지식을 섭렵하고 배워야 한다. 그러기 위해서도 대학에서 운동선수들의 학습권이 보장되어야 한다. 공부하는 운동선수는 운동뿐만 아니라 다양한 능력을 가진 선수가 될 수 있을 가능성이 커진다고 할 수 있다. 그것이 한 인간의 삶의 질을 고양시킬 수 있다는 것이다. 보다 폭넓은 직업선택과 삶의 길을 갈 수 있도록 공부하는 운동선수들을 위한 제도적 장치의 마련이 지금보다 강하게 학교에 적용될 수 있도록 마련하는 것이 급선무이다. 이를 실현하기 위해서는 선수, 학교, 지도자 모두의 인식의 변화가 있어야 한다. 생각이 바뀌지 않으면 제도는 무용지물이 되는 것이다.

넷째, 운동선수는 공부할 필요가 없다. 운동하나면 족하다. 이 문제는 앞에서 논의한 문제에 중복되는 문제라고 할 수 있다. 이것은 공부를 못하는 것을 합리화 하려는 말이라고 볼 수 있다. 공부를 못하니까 운동을 한다는 사고라고 할 수 있다. 공부를 못한다는 것은 안하기 때문이다. 최고의 성적을 유지하는 것이 최고의 공부는 아니다. 사람됨을 위한 공부가 필요하다는 것이다. 운동경기의 상당부분이 정신에 의해서 행해진다고 한다. 정신수련의 공부를 통해서 향상시킬 수 있는 것이다.

이상과 같이 공부를 부정하는 운동선수와 사회의 통념에 대한 비판을 시도해보았다. 공부하는 운동선수를 만들기 위한 사회적 장치의 마련이 시급하다. 정상적인 공부와 운동을 통해서 경기력을 향상시켜야 한다는 것이다. 모든 운동선수들이 세계적인 운동선수가 될 수 없다. 소수에 운동선수만이 세계적인 운동선수에 들 수 있는 것이다. 그렇기 때문에 운동선수 이후의 삶을 준비하기 위한 현재의 학생선수들의 공부할 수 있는 조건은 보장받아야 할 것이다. 지금과 같이 운동선수들의 대학의 학과 선택의 자유도 가지지 못하고 체육계열 학과에 진학해야 하는 제도는 선수들을 구체하기 위한 방법보다는 한 쪽에 선수들을 잡아두려는 생각이 지배적이다.

지금처럼 운동선수들의 수업참여가 적은 문제를 해결하는 것은 강제성을 적용하여 공부하게 하는 방법밖에 없다. 그러나 강제적으로 공부하기 위해 수업참여를 높일 수 있지만 이것은 여전히 문제로 남는다. 강의실에서 잠을 청하는 학생이 많아 질 것이다. 피곤함과 학습에 대한 몰이해 때문에 잠을 자는 것이 이들이 선택한 돌파구일 것이다. 그래서 가장 근원적인 해결은 공부하는 것이 체질화 할 수 있도록 초등학교부터 공부하는 습관을 가지게 하는 것이다. 이것이 이어져 지속성을 가질 수 있을 것이다.

다른 대안은 공부 못하면 대학에 갈 수 없도록 하는 제도적 장치의 필요가 있다. 지금처럼 형식적으로 행해지는 최저점수제도는 실제적으로 적용하는 것이 필요하다. 운동만 해가지고는 대학에 갈 수 없다는 생각을 학생들과 학부모, 지도자 모두 생각의 변화를 가지고 있어야 할 것이다. 운동만 잘해서 훌륭한 운동선수가 되는 시기는 이미 지나갔다. 그리고 선수들의 대회참가 자격에 성적제한을 할 필요가 있다. 일정한 성적이 되지 않으면 선수등록은 물론 대회 출전자격을 박탈하는 방안을 강구하는 것을 생각해 봐야 한다. 그렇지 않으면 공부하려고 하지 않을 것이다.

우리 사회는 지금까지 너무나 '당연하지'라는 관습을 적용해왔다. 그 관습이 너무나 강고한 것이 체육계 그 중에서 운동선수의 세계이다. 당연하지, 이전에도 그렇게 했으니까. 당연하게 그렇게 해야 한다는 생각이 지배적이다. 그것이 얼마나 위험한 획일적인 사고인지 우리는 알지 못한다. 상대의 대한 배려와 존중을 조금만이라고 있어도 '당연하지'라는 말의 위험성을 알 수 있다. 이미 '당연하지'에는 위험성이 내재해 있다는 것을 확인할 수 있다. 이제부터 '당연하지'에 대한 딴지를 걸어 보자. 왜 그것이 당연한 일인지 따져보는 모습이 필요하지 않을까. 운동선수가 공부하지 않는 것이 당여하다는 생각, 운동선수가 수업 들어오지 않는 것이 당연하다는 생각, 운동선수가 운동만 하는 것이 당연하다는 생각에 대한 왜 당연하지에 대한 생각을 가져본다.

4

프로여자농구의 밀착유니폼, 성차별인가 아닌가?

차별은 자신의 우위와 편리의 삶을 보장받기 위한 전략적 차원에서 시작된다. 주어진 빵은 같은데 한 사람이 다른 사람의 몫 가지 먹게 다는 생각 때문에 싸움이 생기고 전쟁으로 이워진다. 그 결과 전쟁은 인간이라는 동종을 학살하는 만행으로 확산된다. 크고 작은 분쟁의 시작은 지배와 피지배를 구분하는 데에서 시작된다. 과거는 정치적 의도에서 시작되었다면 지금은 경제적 의도에서 연유한다. 다 함께 잘 살 수 있는 길을 찾기보다는 자신의 기득권과 이기적 편안함만을 추구하기 때문에 갈등과 차별이 일어나는 것이다. 이러한 시선을 통해 유니폼의 문제에 대하여 생각해보자. 한참 지나간 사실이지만 논의한 가치를 여전히 가지고 있기 때문에 논의를 해보자.

운동선수들의 유니폼은 패션이 아니라 좀더 기록향상과 경기력 향상의 의도에서 발전되어 왔다. 프로여자농구선수들의 유니폼은 경기력을 높이기 위한 기능적이 측면뿐만 아니라 패션감각을 살린 유니폼이라고 할 수 있다. 하지만 기능이외도 미적 요소와 광고적 요소가 작용한다. 첨단 과학기술에 의해서 만들어진 유니폼은 경기 결과에 많은 영향을 미친다. 전신수영복, 선수들의 피로회복에 도움을 주는 기능성 유니폼이 기록의 영향이 크다. 지난 과거의 유니폼은 흰색한 가지가 주류를 형성하였다. 그 이유는 패션의류산업이 지금보다 발전하지 못한 것도 있겠지만 순수 아마추어리즘을 지향한다는 생각이 지배적으로 나타난 결과였다.

하지만 언제부터 인지 유니폼은 색깔은 다양해 졌다. 아마 그 이유는 스포츠에 다국적 기업의 자본이 투입되었기 때문이다. 광고를 위한 최적의 요소는 많은 사람들을 한 곳에 모일 수 있는 힘을 가진 문화이다. 스포츠는 능동적이고 활력적인 요소가 많이 있기 때문에 남녀노소 모두에게 흡인력이 강한다. 시골의 약장수가 약을 팔기 위해서는 사람들을 모을 수밖에 없었다. 그래서 약장사들은 볼거리를 보여주었다. 그것이 차력술이나 노래, 광대연기가 주류를 형성하게 되었다. 거기에 자본이 투입하여 거대화하여 서커스가 가세하게 된다. 이어져 미디어가 출현하고 이것에 의해서 볼거리들이 미디어에 흡수되고 만다.

이제 다시 원점으로 돌아와서 프로여자농구선수들이 개막당시에 착용하였던 원피스유니폼에 대하 상반된 입장에 대하여 알아보자. 어떤 사람들은 남자들과 다르게 여자들의 유니폼은 관중동원을 위한 협회 차원의 기획된 의도였다고 한다. 그 의도 속에서 성을 상품화하는 차별 요소가 있다고 주장한다. 이 문제는 여자농구선수들 보다는 여론에 의해서 문제가 제기되었다. 물론 여자농구선수들은 자신의 문제를 표면화 할 수 있는 저항 장치를 가지고 있지 못했기 때문에 발생한 현상이다. 그렇다면 성차별이다 아니다 하는 주장에 대한 근거에 대하여 알아보자.

첫째, 프로여자농구 원피스유니폼은 성차별이다. 남자선수와 다르게 원피스유니폼은 몸매가 그대로 들어나기 때문에 경기하는데 신경이 많이 쓰이기 때문에 경기력 저하를 가져온다는 생각이다. 또한 그 의도에서 성차별 요소를 발견할 수 있다는 주장이다. 협회의 원피스 유니폼의 도입 의도는 누가 뭐라 해도 관중동원이 일차적 이유라고 할 수 있다. 프로여자 농구는 남자 농구에 비하여 화려한 기술과 빠른 경기를 보여줄 수 없기 때문에 남자들과는 차별화 된 볼거리를 제공하기 위한 차원에서 협회에서 비롯된 것이다. 즉 프로여자농구협회의 의도가 어디에 있었냐가 중요한 잣대이다.

다음으로 선수들에게 유니폼에 대한 의견수렴이 거치지 않고 협회 차원에서 일반 통행 식으로 강요되었다는 것이다. 이 점은 차별적 요인으로 볼 수 있다. 물론 과거에도 유니폼에 문제는 문제가 된 적이 없었기 때문에 관행대로 협회에서 정하고 선수들은 따라오면 별 문제가 없는 사안이었다. 하지만 과거의 유니폼과는 다르기 때문에 선수들의 저항을 예견할 수 있었을 것이다. 이를 무시하고 협회에서 일방적 착용은 성차별의 숨겨진 의도였다는 것이다.

이처럼 협회의 의도와 의견수렴을 거치지 않는 일방적인 협회운용에도 문제가 있다. 기능면에서 탁월하다는 주장도 실제 입고서 경기를 한 선수들의 증언에서도 기능적 효과가 없다는 것이 확인됐다. 이러한 이유에서 밀착유니폼은 성차별이라는 주장은 타당성을 얻을 수 있을 것이다.

둘째, 프로여자농구 원피스유니폼은 성차별이 아니라는 논리이다. 이 주장에 대한 근거는 이미 캐나다와 호주에서 여자농구선수들이 원피스 유니폼을 착용하고 있기 때문에 별 문제가 없다는 것이다. 다른 나라에서는 문제가 없는데 왜 유독 우리나라에서만 문제가 되느냐 하는 발상이다. 하지만 문화적 차이라는 것이 존재하는데 그것을 무시하는 것 자체가 문제라고 할 수 있다. 그것은 우리나라의 의식의 문제라고 할 수 있다. 여름 한 낮에 도시의 번화가를 지나가고 있는 여성들의 옷 모양을 보면 그 같은 주장은 어딘가 맞지 않는 것 같다. 몸에 밀착된 옷들이 주류를 형성하고 있다. 자신의 몸의 아름다움을 표현하는 현상이라고 볼 수 있을 것이다. 프로여자농구와 사회현상과는 대조적인 현상이라고 할 수 있다.

아마추어 농구선수들의 경우는 원피스유니폼이 문제가 될 수 있다고 인정하지만 프로의 경우는 볼거리를 제공하는 것이 비싼 입장권을 구매한 사람들에 대한 팬 서비스라고 할 수 있다. 남자농구에서 볼 수 있는 덩크슛과 같은 화려한 기술과 스피드 한 경기운영에서 관중들은 만족할 것이다. 그런데 여자 농구는 아기자기한 여자농구의 맛이 있다고 말하지만 그것 때문에 경기장을 찾는 관객은 생각보다 많지 않을 것이다. 경기력에서 관중동원의 문제를 찾을 수 있다. 그렇기 때문에 외국에서 외국선수를 영입하여 경기를 하고 있는 것이다.

다른 운동선수들의 유니폼과의 비교이다. 육상선수들은 배꼽이 들어나는 유니폼을 입고 경기에 참여한다. 그 유니폼은 경기력을 위한 유니폼이라고 할 수 있다. 그런 모습에 대하여 여론이나 사람들은 성차별이라고 말하지 않는다. 선수들의 경기력에 관심을 가지고 있기 때문에 아무런 문제를 제기하지 않는다. 배구선수들은 여자농구선수보다 더 몸매를 들어내는 유니폼을 착용하고 경기를 하고 있지만 이런 모습을 보고 성차별이라고 말하지 않는다. 유독 여자농구선수의 유니폼에 대하여 성차별이라고 하는 것은 관람자의 입장에서 나타나는 시대착오적인 생각은 아닌가.

이상과 같이 프로여자농구 유니폼의 성차별 부분에 대한 부정적 시각과 긍정적 시각을 알아보았다. 어떤 것이 우위를 차지하는 시각인지는 독자의 몫이다. 이미 프로 여자농구선수들의 유니폼은 문제는 성차별 요인이 있다고 인정되었기 때문에 남자선수들과 같은 형식의 유니폼을 다시 입게 되었다. 해결된 문제인데 이제 와서 이 문제에 대하여 논의하는 것은 문제가 있다고 생각하지만 이 문제를 제기하는 것은 이의를 제기할 사항들이 여전히 남아 있기 때문이다. 과도한 여론에 의해서 프로여자농구 선수들의 유니폼 착용의 문제에 가해지는 권력이 아닌가 한다. 물론 협회에서 선수들의 의사를 수용하는 것이 제일 관건이지만 말이다. 독재적인 협회 운영은 선수들의 반발과 팬들의 비판으로 발전을 할 수 없다는 것이다.

개방성의 의해서 보다 질 높은 서비스를 관중에서 제공한다는 차원에서 외적으로 들어나는 측면보다는 수준 높은 경기력을 유지하는 것이 지속적인 발전을 확보하는 일이다. 외국에서 선수를 영입하는 것도 한 방안이지만 국내의 토종선수들의 육성에 지원이 있어야 할 것이다. 스타선수의 부재가 오늘의 경기 침체를 가져오지 않았나 생각해 볼 수 있다. 세계적 스타의 출현은 많은 팬을 확보할 수 있을 것이다. 이외에도 선수들의 유니폼은 관중동원의 차원보다는 화려한 스포츠패션을 선도하고 여성선수들의 자신의 신체적 미의 표현으로 역할을 다할 수 있다면 관중들에게 경기이외의 또 한 가지의 보는 즐거움을 선사할 수 있을 것이다. 이것이 프로남자농구선수들과 차이를 가질 수 있는 방안이 될 것이다.

5

공부하는 운동선수, 생각하는 운동선수

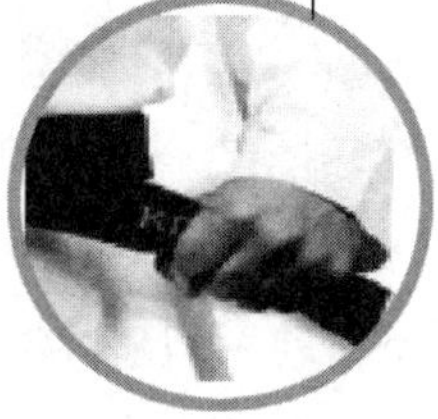

운동선수들의 행복한 삶을 위한 과제는 학업, 학벌, 체벌, 병역, 죽음, 인권 등의 문제에 대한 해법에서 찾을 수 있다. 이러한 문제는 한국의 운동선수가 가질 수 있는 문제들이라고 할 수 있다. 적어도 행복한 삶을 위한 조건은 이러한 문제들을 해결하는 일에서 시작된다. 이를 위하여 개인적 차원에서 선수 자신들의 인식전환이 요구되면 사회적 차원에서 해당 문제를 현명하게 해결할 수 있는 제도, 정책, 대안이 필요하다. 이 중에서도 운동선수들의 행복한 삶의 충분조건은 상식적인 교양과 인문학적 소양 그리고 반성적 차원의 글쓰기 등이다. 절실히 요청되는 이러한 조건들은 운동선수들이 비 일상의 스포츠세계에서 일상의 삶으로 복귀하였을 때 일상적 인간으로 살아 갈 수 있도록 하는 준비라고 할 수 있다.

지금까지의 선수 선발과정과 운동선수의 학사관리 제도를 과감하게 개선할 필요가 있다. 그러기 위해서는 다음과 같은 선결문제가 이루어져야 한다. 운동선수로서 대학에 입학하기 위한 최소한의 수학능력 수준을 지금 보다는 훨씬 단계적으로 상향조정하여 합리적인 기준선이 정해져야 한다. 이러한 기준에 의해서 대학에 입학한 운동선수라 할지라도 학점취득과 졸업에 관한 규정은 일반학생과 동일한 조건 하에서 관리되어야 한다. 그리고 모든 대학의 운동선수들이 같은 규정 하에서 운동과 학업을 할 수 있도록 하고 이를 준수하기 위한 기구가 결성되어야 한다.

지금까지 파행적으로 운영된 우리나라 운동경기는 경기 실적을 통해서만 대학입학의 특전을 얻는 운동선수들 위주로 이루어졌다. 그로 인해 운동선수는 운동선수대로 수학능력의 저하를 가져왔다. 이러한 사실은 과거 오래 전부터 인식되어왔던 것이지만 과거시대의 사회적 여건과 제도 등에 의해서 간과 되어왔던 것이다. 그러나 지금은 사회 전반적인 분야에서 원칙이 중요시되고 그에 따라 개혁이 요구되고 있다. 사회적 요건이 이제는 충분히 형성되었다. 운동선수들의 삶의 조건들이 하루 빨리 개선해야 할 것이다. 우리 사회의 운동선수들이 변해야 사회 전반을 변하게 할 수 있을 것이다.

운동선수들의 행복한 삶을 위한 과제는 운동선수들의 의식과 사회적 제도를 바꾸어 나가는데서 그 해결의 실마리를 찾을 수 있을 것이다. 그러나 사회적 제도만으로 운동선수들의 문제들을 해결할 수는 없다. 중요한 것은 운동선수 자신의 변화가 그 무엇보다도 중요하다. 사회화되는 운동선수는 자신에 의해 사회를 바꿀 수도 있는 힘을 가진 존재이다. 따라서 선수 개인은 자신의 역량과 능력을 개발할 수 있는 길을 스스로 모색할 수 있는 존재로서 서야 할 것이다. 사회적 제도에 의한 수동적 자세보다는 능동적 자세를 가진 운동선수의 모습으로 거듭나야 할 것이다. 사회적 제도의 변화라는 초석 위에 개인의 능력향상을 위한 노력이 더해진다면 그 보다 더 이상적인 것은 없을 것이다. 이를 실현 하기위해서는 공부하는 운동선수와 생각하는 운동선수가 많아져야 할 것이다.

6

체육특기생제도를 개혁하라

학생운동선수, 그들의 정체는 무엇인가. 공부도 하지 않고 운동만 하는 이들의 정체는 과연 무엇인가. 학생선수인가 아니면 선수학생인가. 이 질문에 대한 대답은 학생선수가 우선한다. 공부와 운동의 병행은 사실상 어려운 문제인가, 아니면 이상적인 생각에 지나지 않는가. 여하튼 학생선수의 문제를 해결하기 위해서는 개인의 자율성과 제도적 장치에 의한 강제력에 의한 조화와 균형이 필요하다.

제도에 의한 강제력만으로 근본적인 문제를 해결할 수 없다. 학생선수들의 자각을 통해서 수용하지 않는 다면 해결할 수 있는 방법은 요원하다. 학생선수들의 자율적인 학업과 운동의 병행을 한다면 문제해결은 그 만큼 쉬울 수 있다. 적어도 대학에 적을 두고 있는 학생선수들은 분명 졸업을 하기 위한 형식적인 학위취득이 아니라 정당한 노력을 통해서 졸업할 수 있는 제도적 장치가 필요하다.

학생선수들이 공부하지 않아도 대학을 갈 수 있고, 졸업도 가능하다는 생각을 초등학교 시절부터 학생들이 갖게 되는데 근본적인 문제가 있다. 이와 같은 생각은 잘못된 생각이라는 것과 이제는 공부 못하면 대학진학은 물론 대회출전도 못하는 시대가 왔다는 사실에 대한 생각의 변화가 학생들뿐만 아니라 지도자들, 학부모들, 학교장 모두에게도 필요할 때이다.

공부와 운동의 병행의 문제는 강제력보다는 자연적으로 이루어져야 한다. 공부와 운동은 별개라는 지금의 인식은 사라져야 하고 공부와 운동은 함께 해야 한다는 것을 당연한 것으로 받아들여져야 할 것이다. 공부를 못하면 처음부터 운동선수가 될 수 없다는 인식과 제도적 장치가 마련된다면 공부는 학생선수의 적이 아니라 친구가 될 수 있을 것이다.

이제 학생선수에 대한 개인적, 사회적 차원의 노력이 필요하다. 그래서 학생선수가 되는 것에 대하여 부모들이 기피하는 대상이 아니라, 사회적 존경의 대상으로 누구나 선망하는 인물로 인정되는 그런 사회가 점차적으로 우리에게 다가올 수 있도록 하는 노력이 필요하다. 이를 위하여 개인적 차원에서 학생선수 자신들이 존재지향의 삶에 대한 자각과 자기 주도적인 삶이 요구된다. 사회적 차원에서 시스템의 개혁이 필요하다. 학과선택의 자유, 체육특기자 제도와 학사관리 그리고 경기운영방식, 학생운동선수의 육성방법에 대한 개혁이 필요하다.

7

죽음을 향하여 질주하는 운동선수

하이데거는 "인간은 죽음을 향한 존재"라고 말하였다. 산다는 것은 죽어가고 있음과 별반 다르지 않다. 우리는 지속적인 생명의 연장만을 의식하고 있지만 이면에는 죽음의 그림자가 드리워져 있다. 인간은 살고 있지만 어떻게 보면 죽어가고 있음을 알 수 있다. 동물과는 달리 인간은 이 지상에서 유일하게 자신이 죽는다는 사실을 알고 있는 유리한 존재이며, 언제인가는 죽을 수밖에 없는 존재이다.

운동선수도 죽음의 문제에서 예외가 될 수 없다. 현재 운동선수의 죽음은 일반 사람들보다 수명이 더 짧다는 것이 연구들에서 나타난 사실이다. 그 이유를 과도한 훈련, 지나친 체중감량, 승리에 대한 강박관념 등에서 찾을 수 있다. 이러한 문제들이 운동선수의 죽음을 재촉하고 있다. 운동선수들의 경우는 죽음을 향하여 질주하는 모습이라고 볼 수 있다. 그 만큼 운동선수의 죽음에 대하여 그 누구도 관심과 배려조차 하지 않는다.

선수를 죽이는 현행 경기체계를 개혁하고 선수를 살리고 행복한 삶을 영위하게 할 수 있는 시스템의 구비가 무엇보다도 필요하다. 과연 운동선수들은 누구를 위하여 운동을 하여야 하는가에 대한 질문에 학부모, 감독, 지도교사, 학교장 나아가 지역사회, 구단, 국가 등은 답을 해야 할 것이다. 왜냐하면 학생운동선수 자신이 자발적인 선택에 의하여 운동을 수행하지 않는다면, 그 자체적으로 문제점이 있기 때문이다. 현행대로 운동선수들의 훈련방법 자체가 관행처럼 흘러간다면 되풀이되는 일만이 생겨날 것이다.

죽음을 향하여 질주하는 운동선수들의 죽음의 원인을 알아보고 그 대안을 알아보자. 운동선수들의 죽음의 원인을 승리에 대한 강박 관념과 과도한 스트레스, 무리한 체중감량, 선수관리의 문제, 운동선수 특유의 질병, 과도한 훈련 등에서 찾을 수 있다. 이에 대한 구체적인 대안을 사회적 차원과 개인적 차원으로 구분하여 알아보자. 사회적 차원의 방법들은 경기장내 의료진의 상설의무화, 체급별 경기의 체중 표준화 등이고, 개인적 차원의 방법은 운동선수의 저항의식과 운동선수의 죽음교육이다.

운동선수의 연습은 강요된 연습이 아니라 자발적 연습이 되어야 할 것이다. 이 땅의 운동선수들의 훈련방법에 대한 대대적인 수술이 필요하다. 단지 결과와 현상적인 승리와 과시를 위한 비인간화된 훈련방법 보다는 선수들의 내적 참 자아를 찾는 방법의 수용이 요구된다. 그러기 위해서는 운동선수도 사람이라는 인식이 사회저변과 운동선수 세계 속에 우선적으로 선행되어져야 한다. 운동선수는 서커스에서 재주를 부리는 곰이 아니라 생명과 인격을 가지고 있는 존엄한 존재라는 사실이 무엇보다도 사회 전반적으로 부각되어야 한다.

현실은 학교명예, 감독의 직업보장, 학부모의 자식자랑을 위해서 운동선수는 강요와 승리에 대한 강박관념을 가지고 늘 긴장된 상태에서 일상의 운동연습에 내 몰리고 있다. 그렇게 되면 운동선수는 스포츠 그 자체를 즐기지 못하고 강압적으로 하게 될 수밖에 없다. 만약 운동선수가 운동행위에서 어떤 의미를 발견하지 못한다면 그 운동선수의 운동행위는 기계적인 반응으로밖에 수용될 수가 없다. 그러므로 운동선수에게 자발적인 선택과 자유를 줄 필요가 있다. 즐기는 가운데 운동의 의미를 발견하고 운동능력의 향상을 도모할 수 있다. 이것이 운동선수를 죽음으로부터 자유를 찾을 수 있게 하는 방법이다. 운동선수의 자유야말로 운동선수의 존재이유를 극명하게 보여주는 빛이다.

결국 운동선수가 죽음의 그림자에서 벗어나기 위해서, 지도자는 운동경기에서 중요한 것은 승리보다는 교육에 있음을 인식할 필요가 있다. 지도자가 단지 승리만을 위하여, 운동선수를 가혹하게 대우하는 것은 문제가 있다. 승리보다 교육에 무게를 두어 교육적 효과를 얻을 수 있도록 하는 것이 필요하다. 감독과 지도자는 조련사가 아니라 교육자이기 때문에 교육에 승리보다는 교육적 효과에 대하여 관심이 집중되어야 한다. 교육에 대한 생각을 망각하기 때문에 극단으로 치닫는 훈련형태가 나타나는 것이다. 운동선수의 경우는 승리와 기록의 외적 차원보다는 의미와 보람의 내적 차원을 지향해야 할 것이다.

8

"레저와 스포츠가 사람 잡네"

스포츠와 환경은 전혀 관련이 없는 것 같이 보이지만 아주 긴밀한 관계를 가지고 있다. 이제 환경문제에서 자유로운 분야는 이제 이 지구상에 더 이상 존재하지 않는다. 스포츠 역시 환경문제로부터 자유롭지 못하기 때문에 환경에 대한 대처방안을 강구해야 하는 입장에 놓이게 되었다. 지금 인류가 직면한 위험은 핵, 기아, 물, 쓰레기, 환경, 교통 등의 많은 문제들 중에서 환경문제는 시급히 언급하고 가야 할 문제이다. 그럼 어떻게 환경문제를 슬기롭게 해결할 수 있을까.

우선 스포츠는 비생산적이라는 논리다. 스포츠는 직접적으로 무엇인가 실생활에 필요한 물품을 생산해내지 못하는 반면에 스포츠를 하기 위해서는 거대한 스포츠시설이 요구된다. 이러한 현실적 요구 때문에 환경파괴라는 문제는 필연적으로 직면하게 된다. 2002 한일 축구월드컵 등 수많은 국제대회를 국내에 유치하는 과정에서 새로운 경기장이 필요하게 되었다. 이를 건설하기 위하여 생태계 파괴는 필연적인 문제가 되었다. 그렇다면 비생산적인 스포츠가 환경파괴에 대한 정당화를 주장할 수 있는 논리적 근거는 없는가.

스포츠는 환경파괴의 주범이라고 이해되고 있다. 골프, 스키 등이 경기장을 건설하기 위해서는 광범위한 대지의 사용이 요구되어진다. 골프장 건설은 지역 경제를 활성화하기 보다는 지역주민의 생존권을 위협하는 시설이 될 가능성이 높음에도 불구하고 지자체의 무리한 공사는 단지 세금을 많이 거두어들일 수 있다는 이유 때문에 강행하고 있다. 눈앞의 고용창출 보다는 환경파괴 현상이 더 심각하게 나타나고 있다. 맹독성 농약살포는 지하수의 오염으로 이어져 마실 물 조착 오염시켜버린다. 외지의 골프관광객 유치를 확보하기 이전에 지역주민의 생존과 편익에 대한 관심이 지자체에서 먼저 관심을 가져야 하는 사항이다.

스포츠 역시 환경의 피해자라는 주장이 있다. 스포츠는 환경을 파괴하는 주범자일 뿐만 아니라 환경의 나쁜 영향을 받는 피해자이기도 하다. 공해 때문에 아침 일찍 도시를 질주하는 것은 건강에 도움이 되기보다는 나쁜 영향을 더 받는다. 실내체육관의 공기오염은 뛰는 선수들의 체력 소모를 부추기고 힘든 경기를 하게 한다. 이 때문에 좋은 결과를 기대하기는 어렵다. 만약 등산객이 버린 쓰레기 때문에 등산로의 오염이 심각해지면, 등산을 금지당할 수도 있다. 이런 이유 때문에 환경문제에 관심을 집중되는 이유이다.

스포츠의 지속적 성장을 위해서 인간과 환경의 공존을 모색하는 길이 필요하다. 스포츠와 환경의 관계는 서로 이용하고 착취하는 그런 관계가 아니라 상호영향을 주고받는 공존관계라는 입장에서 모든 환경관련 문제를 해결해야 할 것이다. 동물들이 살 수 없는 자연환경은 인간 역시 살 수 없다는 자명한 진리 앞에서 우리는 어떻게 환경을 유지할 수 있을까에 주목해야 한다. 인간은 지구라는 생명체에 존재하는 암세포가 더 이상 되어서는 안 된다. 자연의 죽이는 세포가 아니라 자연을 살리는 세포가 되어야 할 것이다.

9

식민지체육은 사라지지 않았다

식민지체육은 일본 제국주의에 의하여 지배를 받은 식민지 기간 동안에 일본에 의하여 한국에서 실시된 체육을 말한다. 친일청산을 해야 한다는 사회적 목소리가 높아가지만 여전히 변하지 않는 곳은 체육계이며 학교체육은 식민지체육의 잔재에서 아직도 벗어나지 못하고 있다. 획일적인 수업, 비민주화 교수방법, 체력중심의 교육 등은 여전히 하고 있다. 한번이라도 일제식민지 시대의 체육에 대한 비판과 성찰을 하지 못했기 때문이다. 과거에서 벗어나지 못하고 있는 지금의 상황은 해방은 되지만 여전이 식민지체육교육에서 벗어나지 못하고 있음과 다름이 없다.

일본제국주의 시대의 식민지체육은 '계획적인 신체활동을 통한 인간교육'을 통해서 민주시민의 육성이라는 본래적인 체육의 목적에서 벗어나도 한참을 벗어나 있었다. 일본은 체조교육을 통해서 신체를 규율하고 순종하는 식민지적 인간육성을 통해서 지배와 순종을 강화시키기 위한 식민화교육을 실시하였다. 서구 열강에 의한 제국주의교육에서 잘 나타나지 않은 강력한 식민지교육정책을 일본제국주의가 이 땅에서 행한 식민지교육에서 확인할 수 있다. 철저히 순종하는 신체의 육성을 통하여 강력한 제국주의를 건설하려는 의도를 엿볼 수 있다. 식민지체육은 갖는 한계를 다음과 같이 찾아보았다.

첫째, 일본식민주의 교육에 의하여 규율과 감시를 통한 순종하는 신체를 육성하는 체조교육은 우리민족을 일본화 하는 황국신민화 정책에 의해서 주도되었다. 순종하는 신체는 체조교육을 통하여 국가에 헌신하는 신체로 규율하였다. 이는 일본의 세계대전에서 비행기와 함께 자살을 감행하는 특유의 일본군의 모습을 엿볼 수 있다. 순종하는 신체가 국가에 헌신하는 신체로 확장되어 나타나는 현상이라고 할 수 있다.

둘째, 식민지체육은 목적은 충량한 황국신민화에 있었다. 교육의 방법과 내용은 스포츠중심의 교육이 아니라 체조중심의 교육으로 일본형체조교육이라고 할 수 있다. 교사는 식민지교육에 충실한 군인출신의 교사가 주류를 형성하고 이들에 의해서 군사주의 정신과 전체주의 통제 방법을 피교육생들에게 강행하였다. 이러한 영향은 해방 후 학교체육을 담당한 교사의 부족으로 일제시대의 교사들은 그대로 고용했기 때문에 나타나는 현상이다. 체조교사는 일본체육전문학교, 일본체조전수학교 출신들이 대부분을 차지하고 있었다. 이들에 의해서 사범대학의 체육교사 교육이 이루어졌고, 이들에게서 교육을 받은 체육교사들은 일본의 체육교육과 유사한 교육과 방법을 사용하게 되었다. 그렇기 때문에 학교체육의 친일문화는 여전히 사라지지 않고 잔재하고 있는 것이다.

식민지 학교체육이라고 하여도 우리체육의 정체성을 형성하는데 있어서 배격해야 할 대상이 아니라 우리 체육의 일부분으로 수용해야 할 대상이다. 식민지체육의 특성을 파악하기 위해서는 식민지교육정책의 연장선에서 봐야 할 것이다. 식민지교육정책에 의하여 체육 역시 식민지적 순종하는 인간육성의 목적에 부합되는 내용의 교육이 주류를 형성하였다. 특히 이시기의 체육은 병식체조와 황국신민화체조 같이 규율된 신체, 즉 순종하는 신체교육에 무게를 두었다는 사실이다. 자율과 저항보다는 복종과 타율적인 신체교육을 중심으로 식민지체육은 행해졌다.

식민지체육의 목적은 순종하는 신체의 완성이고 방법과 내용은 체조중심의 수업이 대부분을 구성하였다. 교사는 권위적인 군인과 같은 역할을 하였다. 식민지체육의 재검토를 통해서 우리 몸짓에 맞는 체육의 부재를 발견하고 신체문화가 단절 된 것을 확인할 수 있다. 이제는 우리 몸의 기억들을 청산하고 새로운 우리 움직임의 적합한 신체문화를 계승하는 새로운 체육을 정립하여야 할 것이다. 다른 분야에서 역사청산이 중요성이 부각되고 실시하고 있지만 체육에서는 공허한 메아리에 불과하다. 체육에서도 친일적인 요소를 청산하고 자주적인 우리 신체문화를 계승, 발전시키는 체육의 본래의 목적으로 돌아가 민주시민의 형성을 위한 노력이 요구된다.

10

운동선수의 학벌주의

이 땅에서 운동선수의 학벌주의는 타파해야 할 악습이다. 독일의 프로축구선수들은 대부분이 초등학교 학력이 전부라고 한다. 유독 우리나라 선수들의 학력이 고학력인 이유는 무엇일까. 그 이유는 학벌이 한국사회에서 유리한 고지(계층)를 차지할 수 있기 때문이다. 이 때문에 학벌을 가지지 못한 선수들은 선발, 취업, 병역, 학업 등에서 패배의식에 빠질 수 있다. 이러한 문제를 해결하기 위해서는 특정학교 출신의 국가대표 독식과 협회의 장악 그리고 심판배정을 막아야 한다. 이를 통해서 운동선수들의 우월의식, 허위의식, 기득권의 문제를 해결할 수 있다.

어느 학교출신이냐에 따라서 이 사회에서 차지하는 운동선수의 지위가 달라진다. 이러한 학벌로 인하여 열심히 운동하는 선수 혹은 국가대표의 희망을 꿈꾸는 선수들에게 하나의 멍에가 될 수 있다. 노력하면 될 수 있다는 말 자체가 거짓으로 드러나고 있기 때문이다. 이성적 사회는 학벌보다는 개인의 노력에 의한 실력으로 평가받는 사회이다. 그런 사회가 한국의 체육계를 발전할 수 있는 동력이 될 수 있다. 장기적인 발전을 위하여 체육계에 보이지 않는 학벌주의는 타파되어야 한다.

학벌주의 타파는 우리 모두의 학벌타파라는 작은 실천에서 시작될 수 있다. 그러기 위해서는 운동선수는 자신의 학벌에 의해서 평가되는 것보다는 실력으로 평가받고자 하는 의식과 현장에서 실재로 실력으로 평가받아야 한다. 이를 위하여 선발, 취업, 병역, 학업 등의 문제에서 이성의 절차적 합리성이 통하는 투명한 과정이 이루어져야 할 것이다. 그래야 운동선수도 살고 우리의 운동문화 역시 살 수가 있다. 이를 위한 구체적인 의식개혁과 인식전환이 요구된다.

국가차원에서 보호할 수 있는 내부고발제도의 정착이 시급하다. 고발이라는 단어는 부정적인 용어로 우리는 인식하고 있다. 고발자라고 한다면 배신자, 믿을 수 없는 사람 등으로 낙인 시켜 자신들 주변에서 격리하고 소외시킨다. 그러나 진정으로 자체의 문제와 발전을 위해서는 용감한 내부고발이 필요하다. 무엇인 문제인가를 가장 잘 알고 있는 다수의 사람들은 침묵하고 그것을 당연한 문화라고 인식하고 있다. 이것은 일종의 복지부동의 처세술에 지나지 않는다. 이제 운동선수 또는 체육계에 종사하는 사람들이 나서서 특정 운동선수에게 가해지는 특혜나 학벌에 의한 선발과 평가를 고발해야 한다.

선발과 평가에서 투명하고 공정한 평가를 위한 평가시스템의 정착이 있어야 할 것이다. 어떤 사람에 대하여 학벌을 보고 평가하는 것은 우리 사회의 속물근성 내지는 체면을 중시하는 형식주의에서 그 문제의 원인을 찾을 수 있다. 적어도 선수선발 과장에서 현실적 이해관계 내지는 학벌에 얽매어 공정성과 합리성을 잃어서는 안 된다. 따라서 선수들의 출신학교에 따라서 선발과 평가를 받지 않도록 대항력을 갖춘 제도적 장치가 필요하다. 단지 실력으로 평가받고 평가해야 편견 없는 열린 운동문화를 실현할 수 있을 것이다.

11

운동선수가 도덕을 만나게 되는 세 가지 경우

운동경기를 관람하지 않은 이상 결과에 의해 평가될 수밖에 없었던 과거와는 달리 지금은 스포츠의 모든 과정을 다양한 대중 매체를 통해 가정에서도 꼼꼼히 분석할 수 있게 되었다. 이러한 미디어의 발달로 폭넓은 대중을 확보한 스포츠는 그 대중의 수만큼이나 다양한 잣대로 평가받고 있다. 이제까지 프로운동선수의 직업의식에서 승리를 하기 위해서는 약간의 반칙은 통념상 당연한 행위로 받아 들여 졌다.

반칙과 격렬한 몸싸움을 관중의 볼거리를 위하여 심판에 의하여 묵인되는 일도 북미아이스하키리그(NHL)에서 볼 수 있다. 특히 한일전 축구에서 우리 쪽 선수의 의도적인 반칙은 굳 파울로 찬사를 받는 반면에 일본 선수의 가벼운 반칙은 욕설과 비판의 대상이 되기 쉽다. 특히 요즘의 스포츠 현상을 볼 때 운동선수들의 비도덕적 행위는 비판과 지탄의 대상이 되고 만다.

관중에 입장에서 자신들은 도덕적이지 않으면서 왜 운동선수는 도덕적이어야 한다는 주장하게 되는가. 예를 들어 TV를 시청하는 자신의 행위는 도덕적이지 않으면서, 왜 운동선수들은 도덕적 행위를 해야 한다고 주장하는가. 그것 자체는 모순이 아닐 수 없다. 그럼에도 불구하고 여전히 운동선수는 왜 도덕적으로 보여야 하는가? 이에 대하여 개인적 이유와 사회적 이유 그리고 존재적 이유라는 세 가지의 가설을 설정하고 이에 대하여 알아보자

첫째, 개인적 이유다. 운동선수의 자신의 이미지 관리 차원에서 도덕적 행위가 필요하다. 운동선수에게 이미지는 곧 몸값과 직접적인 관련이 있기 때문에 자신의 상품적 가치를 높이기 위해서는 의도적으로 도덕적 행위가 요구되어 진다.

둘째, 사회적 이유이다. 운동선수는 공인이기 때문에 운동선수의 행위는 청소년들에게 많은 영향을 줄 수 있다. 근 근본적인 이유는 청소년들은 우상을 모방하려는 일종의 모방심리에서 찾을 수 있기 때문이다. 운동선수에게는 도덕적 역할 모델이 요구되어 지는 것이다.

셋째, 존재적 이유이다. 만약 운동선수의 비도덕적 행위가 체질화된다면, 그들이 도덕적 불감증 상태에 빠질 가능성이 있다. 또한 자신의 비도덕적 행위에 대한 책임의식은 망각하고 자신들의 비도덕적 행위를 당연하게 인식한다는 것이다. 그것은 결과적으로 운동선수를 비도덕적 인간으로 만들 수 있다.

운동선수는 왜 도덕적으로 보여 져야 하는가? 이에 대한 가설을 세 가지 설정하여 고찰하였다. 그 중에서 첫째와 둘째는 운동선수의 도덕적 행위는 단지 보여 지기를 의도하는 일종의 허상을 생산하는 가변적인 이유에 해당한다. 그러나 이에 비하여 셋째에 해당하는 존재적 이유는 바로 운동선수가 도덕적이어야 하는 진정한 이유를 말한다.

12

골프공화국의 허상, 왜 골프만 고집하는가

현대 사회는 기호의 시대라고 명명할 수 있을 만큼 많은 기호들이 범람하고 있다. 우리는 상품을 소비하는 것이 아니라 기호를 소비하는 것이라고 말한다. 빨간 색 스포츠카를 구입(소비)함으로써 우리는 스포츠카와 아름다운 미녀의 이미지를 소유하게 되는 것과 같은 맥락이다. 여기서 자동차의 성능은 문제가 되지 않는다. 그 차가 가지고 있는 디자인과 기호가 소비의 핵심 요소이다. 이것은 우리가 기호에 이미 노출되어 있다는 사실을 단적으로 증명하는 것이다.

현대 사회를 단적으로 표현한 말이 있다. '나는 소비한다. 고로 나는 존재한다.' 여기서 소비는 바로 기호의 소비를 말한다. 소비는 물신화된 상품이 지닌 유용성의 소비보다는 그 상품의 기호를 소비하는 것이다. 이런 기호가치가 현대인의 사고체계를 점유하고 있다. 그 가운데 우리는 존재하고 있는 것이다. 그래서 우리가 살고 있는 지금의 현 세계를 소비의 사회라고 말한다.

골프장 건설이 붐을 이루는 이유는 무엇일까? 골프인구가 증대했기 때문이라는 이유 이외도 지자제의 세입과 지역 경제발전이라는 논리로 골프장 건설에 지자제가 앞장서고 있기 때문이다. 그럼 왜 골프인구가 급증하게 되었는가. 우리사회 그 만큼 잘 살게 되었다는 말인가. 아니면 다른 여타의 운동이 가지지 못하는 무엇인가를 골프가 가지고 있기 때문인가. 다른 무엇보다도 유독 골프에만 몰리는 이유는 무엇인가. 아마 그것은 골프가 가진 기호 때문일 것이다. 골프인구가 증가하는 일차적인 원인은 기호의 소비에 있다.

골프를 치는 이유는 시대적 상황과 그 시대가 가지고 있는 가치체계에 의해서 파생되는 의식에 영향을 받는다. 현대사회를 소비의 사회라고 보는 장 보드리야르의 견해에서 문제해결의 열쇠를 발견할 수 있다. 여기서 소비라는 개념은 사물의 유용가치를 말하는 것이 아니다. 그 이면에 있는 행복, 위세, 권리 등과 같은 기호를 소비하는 것이다. 따라서 우리가 골프를 다른 운동보다 선호하는 것은 동시대 환경과 일치하는 기호 가치 때문이다.

골프 하는 진짜이유는(어떤 목적 즉 기호는 다르지만) 무엇보다도 골프를 하는 것은 기호가치의 소비가 아니라, 골프 그 자체가 가지고 있는 고귀하고 진귀한 가치를 체득하기 위함이 되어야 한다. 재미, 건강, 교제, 사업, 정치, 도박 등의 모든 것은 골프 그 자체의 현상적인 외곽에서 맴도는 부차적인 것에 불과하다. 무엇보다도 골프 안으로 들어가 골프의 가치를 체득하는 것이 우선적인 일이다.

골프가 하나의 산업의 상품으로 소비되어지는 시대이지만 우리가 짚고 넘어가야 할 것은 우리가 골프의 가진 차이의 기호를 소비하는 것이 아니라 주체적으로 골프 안에 내재되어 있는 본질적 가치를 소비해야 한다는 것이다. 즉, 골프의 기호에 현혹되지 말고, 골프가 가지고 있는 본질을 이해하고, 음미할 수 있어야 할 것이다.

골프는 하는 진짜이유는 차이의 기호에 찾는다면, 차이의 기호를 찾을 수 있는 것은 참자아를 찾는 것에 있다. 다른 사람들이 모두 추구하는 상류층, 부, 권력의 차이의 기호가 아니라 다른 사람들이 찾지 못하는 잃어버린 참 자아를 찾는 차이의 기호를 소비하는 것이 진짜 골프를 소비하는 이유가 될 것이다. 정신을 집중하고 내면의 자기를 발견하고 그것을 함양하는데 골프에서 그 도움을 얻을 수 있을 것이다.

골프만을 위한 것이 아니라 정신수련을 통해서 자기를 찾는 작업이 될 수 있다면, 골프 치는 진짜 이유가 자신을 잃어버리는 것이 아니라 자신을 찾는 일이 될 것이다. 골프에만 너무 몰리기 때문에 골프장이 필요하게 되고 이어서 골프장 건설이라는 환경파괴를 가져온다. 다른 운동에 시선을 돌려서 재미와 함께 자기를 찾는 이들이 늘어난다면 골프장건설 때문에 생겨나는 환경파괴는 줄어들 것이다. 왜 골프만 고집하는가. 남들이 하기 때문에 나도 해야 한다는 단순한 이유에서 벗어나 남들이 하지 않는 새로운 스포츠에 도전하는 것이 어떨까 한다.

13

영화가 스포츠에 열광하는 이유

영화관에 가면 해야 할 행복한 고민이 있다. 어떤 영화를 볼까하는 고민 아닌 고민이다. 요즘은 멀티상영관 때문에 선택의 순간은 과거보다 훨씬 많아졌다. 순서는 대개 영화를 만든 감독, 주연배우, 장르 중심으로 선택되기 마련이다. 하지만 보고 후회하지 않을 영화를 고르라면 단연 스포츠영화가 최고이다. 왜냐하면 스포츠영화는 후회할 일이 없기 때문이다. 작년에는 [주먹이 운다, 2005년], [밀리언 달러 베이비, 2005년], [댄스의 순정, 2005년], [태풍태양, 2005년], [코치 카터, 2005년] 등 많은 종류의 스포츠영화가 제작되었다. 스포츠영화를 보면서 영화에서 스포츠가 단골 주제로 채택되는 진짜 이유는 뭐고, 왜 영화가 끊임없이 스포츠에 열광하게 되는가에 대한 생각에 잠긴다. 스포츠영화는 다른 영화에서 발견할 수 없는 특별한 무엇인가가 있다. 그게 무엇인가.

첫째, 인간한계의 도전정신이 있다. 인간은 한계를 알면서도 무모하게 한계에 도전한다. 도전이 없는 삶은 무미건조하고 감동이 있을 수 없다. 삶이 너무 안전하기 때문에 위험을 감수하면 도전한다. 재미는 자신의 한계에 도전하고 그것을 극복했을 때 찾을 수 있다. 영화는 상상력의 한계에 도전하고 스포츠는 인간신체의 한계를 도전한다는 유사점이 있다. 스포츠영화에서 인간한계의 도전정신이라고 할 수 있는 스포츠의 힘을 발견할 수 있다. 이 힘은 [리벰버 타인탄, 2001년], [보리울의 여름, 2003년], [그들만의 리그, 1992년] 등의 영화에서 볼 수 있다.

1971년 미국의 흑인과 백인의 인종갈등을 미식축구라는 스포츠를 통해서 해결하고 있는 [리벰버 타이탄], 이 영화는 지역갈등을 넘어 전 국민의 하나로 만든 2002년 한일월드컵을 생각나게 한다. 서로간에 소통하고 오해를 풀고 이해하고 화해를 넘어서 상생을 이끄는 모습을 찾을 수 있다. 시골 강촌과 읍내 사이의 지역 갈등과 불교와 천주교의 종교 갈등, 신부와 수녀님의 갈등의 양상을 축구를 통해서 화합을 보여준 [보리울의 여름], 미국에서 프로여자야구의 실화를 바탕으로 재구성하여 당시의 여성에 대한 차별의 벽을 야구를 통하여 극복하는 [그들만의 리그] 등이 있다. 이 영화들에서 서로간의 차이를 인정하고 불신의 벽을 허물어 공존할 수 있는 힘을 확인할 수 있다.

둘째, 인간승리의 무한한 감동이 있다. 영화가 스포츠를 만날 때 무한한 감동을 만들어낸다. 무엇인가를 잘 모르지만 가슴 한 곳을 넘쳐나는 감동을 만날 수 있다. 이러한 공통점은 영화 [루디, 1994년], [말아톤, 2005년], [윔블던, 2005년], [챔피언, 2002년], [태풍태양, 2005년], [슈퍼스타 감사용, 2004년] 등에서 볼 수 있다. [루디]에서 주인공은 남들이 불가능하다는 편견과 선입견을 넘어 자신을 꿈을 실현한다. [말아톤]은 장애를 가진 초원이 마라톤을 통해서 자폐를 극복하는 과정을 42,195킬로미터의 달리기와 더불어 보여준다. [슈퍼스타 감사용]은 패전처리용 투수 감사용이 1승을 위하여 자기 자신과의 치열한 싸움을 한다. [챔피언]은 비운의 삶을 살아야 했고 링 위에서 죽어간 고 김득구의 치열한 복싱선수의 삶을 재현하며 챔피언의 의미를 보여주었다. 챔피언은 단순히 숫자로만 판단되는 챔피언만이 아니라 보여 지지 않는 의미와 실재로서 승리를 얻을 수 있는 선수도 챔피언이라고 할 수 있다. 자신이 할 수 있는 최선의 모습을 보여준 영화 [챔피언]의 주인공이 진정한 챔피언이라고 할 수 있다. 이 모든 영화 역시 감동과 소외를 극복하는 휴먼드라마라는 특성을 지니고 있다.

셋째, 예측불허의 긴장감이 있다. 스포츠영화는 분명 예측 가능한 세상사와는 다른 점이 있다. 스포츠 역시 불확실성을 가지고 있다. 그렇기 때문에 사람들은 스포츠에 매력을 느낀다. 9회말 역전 홈런, 축구의 역전골 등은 뻔한 결과에 대한 반전을 보여주는 것이다. 2002년 한일월드컵에서 우리가 그토록 환호한 것은 스포츠의 불확실성 때문이다. 스포츠영화도 반전과 예측불허의 결과를 보여준다는 점에서 매력이 있다. 예를 들어 [YMCA 야구단, 2002년]에서 마지막 성남구락부와의 경기에서 자신의 안전보다는 조선의 독립과 민족을 위해서 개인을 희생하는 선수들의 모습을 볼 수 있다. 조선을 구할 4번 타자(선구자)가 말을 타고 등장하는 반전을 경험하게 한다. 9회의 마지막 공격에서 승리할 가능성을 찾지 못하고 절망에 빠진다. 하지만 선구자(4번 타자)가 나타나서 야구의 예측불허의 긴장감을 더한다.

영화가 스포츠에 관심을 보이는 진짜 이유는 사람들에게 고된 삶의 위안과 살맛을 느끼게 하기 때문이다. 스포츠영화는 특정인을 제한하는 것이 아니라 모든 사람을 대상으로 만들어진다는 점에서 영화산업의 입장에서도 손해를 보지 않는 장사가 된다. 스포츠는 부정적인 측면보다는 긍정적이고 활동적인 이미지를 가지고 있기 때문에 스포츠를 거부하는 사람은 많지 않다. 규칙은 잘 알지 못하지만 쉽게 빠져들 수 있는 것이 스포츠이다. 이런 장점 때문에 스포츠는 영화의 단골 소재로 자주 이용된다. 우리 주변에 스포츠스타의 감동어린 이야기는 넘쳐나고 있으며 사람들이 경제적으로 살기 어려운 시기에 삶의 희망을 찾고 있기 때문에 잘 맞아떨어진다.

넷째, 따뜻한 인간냄새가 난다. 세상살이가 어려워지면 어려울수록 그리워지는 것이 이웃의 따듯한 사람냄새의 정이다. 개인주의가 팽배함에 따라 이웃과의 관계는 점점 소원해지는 것을 볼 수 있다. 가족간에도 함께 식사를 하지 못하는 경우가 많다. 단지 바쁘다는 이유로 주위를 살피지 못하는 일이 있다. 따뜻한 인간냄새가 나는 영화는 [코치 카터, 2005년], [허리케인 카터, 1999년], [주먹이 운다, 2005년], [알리, 2001년] 등이 있다.

[코치 카터]는 이 땅의 학생운동선수를 생각하게 하는 영화이다. 전국의 학생선수를 지도하는 코치들이 필수로 봐야 할 영화이다. 무늬만 학생이고 공부와 담을 쌓고 학창시절을 보내야 하는 학생선수들이 넘쳐나는 것이 현실이다. 운동선수의 학습권의 보장이 필요함을 느끼게 한다. 코치는 운동만 가르치는 조련사가 아니다. 운동뿐만 아니라 인격함양을 교육시키는 선생님이라는 것을 우리 사회의 코치들은 배워야 할 것 같다. 운동만 하는 운동선수를 양성하기 보다는 공부하는 운동선수를 양성하는 코치, 단지 자신의 출세를 위하여 학생을 이용하지 않고 학생의 미래를 생각하는 코치가 되어야 한다. 은퇴후의 운동선수들의 삶을 생각해서 대외 성적보다는 공부와 운동을 병행하는 운동선수의 양성이 요구된다.

[주먹이 운다]는 인생에서 복싱 밖에 모르고 복싱으로 챔피언 된

한 남자이야기를 다룬다. 이 남자는 결국 사기를 당하여 자신이 할 수 있는 일이 없다는 무기력에 빠진다. 이 때문에 길거리 복서로 살아야 하는 복싱선수의 삶을 극명하게 보여준다. 한편으로 불우한 환경에서 소년원에 갈 수 밖에 없는 한 소년의 삶을 보여준다. 복싱을 통해서 자신의 불행을 떨쳐버리기 위한 치열한 몸부림에서 인간의 깊은 삶의 향기를 엿볼 수 있다. [허리케인 커터] 역시 복싱을 소재로 한 영화이다. 흑인이 백인주류의 사회에서 살면서 겪어야 할 인종차별의 문제를 한 실존 했던 복서의 삶으로 그려주고 있다. 흑인 챔피언이 백인 주류사회에서 살기가 생각보다 쉽지 않다. 이 때문에 살인자라는 누명을 쓰고 감옥에서 살아야 했던 기구한 인간의 삶을 영상화하였다. 흑인 소년과의 편지 왕래를 통하여 살아야 한다는 의욕을 가지고 주변의 도움으로 백인주류의 사회의 편견과 차별을 극복하는 과정을 보여준다.

넷째, 청량제 같은 재미가 있다. 사람들은 너무 획일화된 삶과 일상의 굴레에서 벗어나 청량제를 찾는다. 누구나 재미를 찾는다. 그 재미 때문에 사람들은 영화관이나 경기장, 체육관에 몰려든다. 재미추구라는 공통점을 가지고 있는 영화와 스포츠의 만남은 스포츠영화에서 꽃을 핀다. 이런 종류의 영화는 [교도소 월드컵, 2001년], [소림축구, 2002년], [으랏차자 스모, 2000년], [슈팅 라이크 베컴, 2002년] 등이 있다. 이들 영화는 코믹장르의 성격을 가진 스포츠영화이다. 웃음, 재미, 감동을 함께 얻을 수 있다. 특히 [으랏차자 스모, 2000년]는 일본 아마추어 스포츠로서 대학스포츠의 모습을 통해 현실을 풍자하는 영화이다. 대외 경기에 나갈 선수가 부족하여 구걸하다시피 하여 선수를 모아 경기에 나간다. 현실이 참다하지만 스모를 통하여 자신감과 얻고 스모를 사랑하게 되는 감동 또한 발견할 수 있다. 국내 대학의 화려한 대학의 엘리트 스포츠에 가려진 동아리 수준의 대학 경기의 현 주소를 보여주는 것 같다. 대학스포츠의 현실이 어떠해야 하는가 하는 깨우침도 선사하는 영화이다.

이제 영화관에서 나왔다. 스포츠영화도 끝나고 왜 영화가 끊임없이 스포츠에 열광하는지에 대한 생각도 마무리 되었다. 영화관 입구에 기대서서 영화관을 막 나서는 사람들의 잔잔한 미소를 본다. 그들은 스포츠영화가 주는 감동을 오래 동안 간직하고 따뜻한 가슴과 아름다운 삶을 살아가기를 은근히 기대할 것이다. 영화처럼 영화 같은 삶을 지향하게 한다. 삶이 고단할 수록 한 편의 스포츠영화는 삶의 위로가 된다. 그 힘이 바로 스포츠영화가 우리에게 줄 수 있는 매력이라고 할 수 있다. 극장 안에서 생각해 봤던 의문이 풀리기 시작했다. 왜 영화를 끊임없이 스포츠에 열광할까. 열광하는 이유는 일상의 단조롭고 무미건조한 삶에서 우리가 그토록 원하는 인간한계의 도전정신, 인간승리의 무한한 감동, 예측불허의 긴장감, 따뜻한 인간냄새, 청량제 같은 재미 등을 발견할 수 있기 때문이다.

이 모든 것이 영화와 스포츠가 가지고 있는 공통점이라고도 할 수 있다. 영화는 영상이라는 매체를 통하여 세상을 재현하고 스포츠는 경기장에서 세상사는 일을 몸으로 보여주는 차이점 이외에도 너무도 닮아 있다. 거기에 보너스로 경제적 이익도 가볍게 볼 수만은 없다. 돈이 되지 않는 영화는 만들어지지 않는다. 왜냐하면 투자가가 모이지 않기 때문이다. 영화는 일종의 투자이기 때문에 모험이라고 할 수 있다. 투자자들의 투자를 모아서 영화를 제작하여 대박을 기대하는 것이다. 대박은 쉽지 않은 일이기 때문에 가장 실패하지 않을 영화소재를 찾게 된다. 그 하나가 스포츠이다. 실패 할 확률이 적기 때문에 대박에 가깝게 접근해 갈 수 있다. 영화는 재미뿐만 아니라 교훈 그리고 삶을 살아가는데 필요한 깨달음을 주어야 한다면 스포츠영화가 제격이다. 이 때문에 영화는 스포츠를 캐스팅하는데 주저하지 않는다. 일상에서 할 수 없는 것들을 스포츠영화는 채워주기 때문에 오늘도 사람들은 스포츠영화를 보러 극장에 간다.

생각 3 : 학교에서

1

체육계열 학과 명칭의 다양화

대학에서 학부제의 도입으로 체육학계열 전공들이 다양하게 만들어졌다. 다양한 명칭의 변화는 학부생의 경우 학과선택의 폭이 커졌다는 이점이 있고 시간강사들의 경우는 교수 임용기회가 늘어났다고 하는 장점이 있다. 분명 이러한 변화 현상은 체육학의 발전의 한 측면임에는 분명하다. 만약 변화가 곧 발전이라고 본다면 긍정적인 현상임에는 틀림없다. 하지만 변화는 외적인 것만을 의미하지 않는다. 내외적 변화를 의미한다고 할 때 지금의 변화는 외적 변화만을 가져왔기 때문에 변화의 불균형을 초래하고 있다고 할 수 있다.

이런 현상은 체육계열학과의 교과과정과 교수 구성을 보면 쉽게 알 수 있다. 학문성과 전문성이 구별되지 못하고 개별종목의 명칭에 따른 학과와 학부제의 전공들이 만들어졌다. 다양한 명칭에 따른 전공교수와 학과의 특성을 사실상 찾아보기 어렵다. 그 같은 명칭은 학과의 정체성과 학문적 성격 그리고 교과과정의 구성 등을 종합하여 검토가 수반되어야 하는 일이다. 그럼에도 불구하고 그 같은 일이 실행되고 있지 않다고 할 수 있다. 그 이유는 단지 학생유치에만 신경을 쓰고 있을 뿐이지 학생들을 위한 대책은 시급함을 말하기 때문이다. 뽑기만 하면 된다는 사고방식은 문제가 있다. 이들에 대한 4년 동안에 어떻게 가르쳐서 이들의 인생에 도움을 줄 수 있는 방향으로 나가도록 유익한 교과과정과 취업을 위한 도움이 제공되어야 한다.

체육계열 학과 명칭의 다양화는 체육학 분야의 전공으로 존재하지도 않는 교과명이 전공 명칭으로 둔갑하는 경우를 쉽게 발견한다. 어떤 것이 상위의 분야인지 하위의 분야인지 구별하지 못하는 경우가 있다. 체육학의 학부 분과학회 이외에 다양한 학과 명칭과 전공영역이 등장하였다. 골프학과, 배구지도학과, 운동생리정보학과 등의 학과 명칭은 학과 정체성과 방향성 그리고 학문성에 이의를 제기될 수 있는 문제점을 가지고 있다. 학생유치를 유한 기본적인 조건은 다른 학과들의 명칭과는 상대적으로 차별성을 가지고 있어야한다. 뿐만 아니라 시대감각이 반영된 학과 명칭이 요구되는 것이 현실적이 사항이다. 이런 차원에서 이색적인 학과 명칭은 학생유치에는 성공할 수 있었지만 이러한 학과들이 학생들의 욕구를 충족시켜줄 수 있는지는 앞으로 두고 보아야 한다.

대학에서도 경제적 유용성이 중심 기준으로 자리 잡았다. 학생유치에 미달하는 학과는 폐과되는 분위기에서 체육계 학과들은 여전히 많은 경쟁력을 유도하면서 학부제로 기존의 경우보다 많은 학생들은 모집하고 있다. 다른 학과들과 비교하여 볼 때 상대적으로 체육계 학과들의 생존권은 확보되었다. 그 이유는 사회변화와 경제적 성장 그리고 여가시간의 증대 등 다양한 근거들에서 찾을 수 있다. 이러한 변화에서 간과해서는 안 되는 문제는 다양한 학과 명칭으로 인하여 체육학에 관한 혼돈을 초래할 수 있다는 것이다. 이미 체육계 학과의 명칭은 경기지도학과 사회체육학과, 생활체육학과, 스포츠지도학과, 스포츠경영학과, 운동처방학과 등 수 없이 다양한 명칭 등이 생겨나고 있다.

이러한 현상에 대하여, 우리는 학문의 양적 팽창으로 인하여 체육학의 학문적 성장을 자랑할 수 있는 근거가 되는지 의문을 던질 수 있다. 1964년 이후 체육의 학문성에 대한 논의가 진행된 지 40년 후의 지금의 학과 명칭의 다양화는 그 만큼의 학문적 팽창을 가져왔다는 것으로 수용할 수 있는지 의문이다. 그 이유는 아마도 학과의 생존경쟁에서 살아남을 수 있는 일시적인 반응에 의한 것이 아닌가 생각해 볼 수 있다. 이러한 차원에서 체육계 학과 명칭의 시대적 변천과정을 살펴보고, 체육계 학과 명칭의 다양화의 문제점과 체육계 학과 명칭의 정립이 왜 필요한가에 대하여 알아보았다.

국내 대학에서 체육계 학과가 생겨난 것은 1945년 이화여자대학교의 보건체육학과였다. 1946년 서울대학교, 1947년 경북대학교에 체육계열 학과가 생겨났다. 지금은 전국의 130여 개 이상의 체육계열 학과들이 있다.

체육계 학과 명칭의 변화를 알아보기 위하여 세 시기로 구분하여 알아보았다. 첫째, 1980년대 이전의 시기이다. 이 시기의 학과 명칭은 체육교육학과, 체육학과가 대체적으로 일반적인 체육계 학과 명칭을 대표하였다. 체육교육과는 사범대학내의 학과로서 교사양성의 목적을 가지고 만들어졌다. 체육교육학과의 설립하게 된 이유는 지덕체의 전인교육을 위하여 체육의 필요성이 인정되었기 때문이라고 할 수 있다. 지금도 사범대학 내에 체육교육과는 여전히 중등교사를 양성하고 있다. 이와는 다르게 체육학과는 교사양성이 아니라 체육학을 학문으로 연구하는 학과로서 만들어졌다. 이 당시 체육학과는 이공대학 또는 자연대학 내에 속하였다. 이는 체육학을 자연과학으로 분류하였기 때문이다.

둘째, 1980년대-1990년대의 시기이다. 이 시기에는 86년 아시안게임과 88년 서울올림픽이 열렸던 기간이다. 이 두 개의 국제적 체육행사를 통하여 참여스포츠로서 생활스포츠 혹은 사회스포츠에 대한 관심이 집중되었다. 그래서 엘리트체육 위주의 체육정책이 생활체육과 균등한 발전을 위한 정책이 마련되었다. 그것이 일명 호돌이 계획이라고 할 수 있다. 이와 같은 사회적 분위기에서 사회체육에 대한 관심이 늘어났고 사회체육의 활성화를 위하여 사회체육지도자가 필요했다. 이들의 양성을 위해서 사회체육학과가 만들어지기 시작하였다.

셋째, 2000년대 이후의 시기이다. 이 시기는 1997년 IMF의 위기를 통하여 경제적 효율성이 사회의 중요성 핵심 잣대가 되었다. 그 여파로 대학 내에서 효율성이 없는 학과들은 학부제의 도입으로 사려져야 할 운명을 맞이하기도 하였다. 학과의 경제적 효율성을 증대시키기 위한 방안으로 학교차원에서 성공적인 학생유치에 주력하게 되었다. 이러한 분위기는 학생 유치를 위하여 대학들의 실질적 방안들이 현실적으로 반영되었다. 신입생을 위한 다양한 학과 명칭이 생겨났고 그것으로 인하여 어느 정도 학생유치에 성공하였다. 체육계열 학과에서는 학생유치의 우위의 고지를 점령하기 위하여 기존의 체육학과와 체육교육과의 명칭에 차별을 두기 시작하였다. 이를 위하여 새로운 학과 명칭이 만들어 졌다. 골프학과, 골프경영학과, 스포츠경영학과, 운동건강관리학과, 운동생리정보학과, 건강지도학과, 스포츠의학, 여가레크리에이션과, 동양무예학과 등이 생겨나기 시작했다.

학과들의 명칭변화는 체육계만의 문제가 아니다. 새로운 학과 명칭과 이색 학과들은 경제적 측면에서 학생유치와 시대적 필요성에 의하여 만들어졌다. 특히 자연과학대학의 컴퓨터 공학과 관련된 유사한 학과들이 많이 생겨나고 있다. 학과 명칭만을 보고서는 무엇을 배우는 학과인지를 판단하기 어려워졌다. 수학과, 물리학과, 철학과는 그 명칭만으로도 그 학과에서 무엇을 배우고 가르치는 학과인지를 대충 알 수 있었지만 지금의 학과 명칭인 응용동물학과 법률정보관리학과 등의 학과 명칭만으로 학과 특성을 구분할 수 없게 되었다.

이러한 시대적 분위기에 영향을 받아 체육계 학과 명칭의 다양화 현상이 나타났다. 학과 명칭의 다양화 원인을 셋으로 나눌 수 있다. 첫째, 시대에 따른 환경의 변화에서 찾을 수 있다. 급변하는 사회변화는 여가증대와 스포츠산업의 발전, 미디어스포츠의 증가 등의 시대적 환경의 변화에 따른 수요를 요구하게 되었다. 둘째, 학과 자체의 생존전략 차원에서 볼 수 있다. 학과 명칭의 변화는 대학 자체의 자생적인 생존전략의 차원에서 마련되었다. 차이의 존중이 필요하기 때문에 기존의 학과 명칭과는 차별성이 곧 학생유치의 유리한 고지를 차지할 수 있기 때문이다. 학생유치의 실패는 학과를 폐지해야 할 위험성을 갖는다. 셋째, 국가의 대학정책의 차원에서 찾을 수 있다. 국가 차원에서 전공계열별 전공학과 수와 인원을 조율하기 때문에 새로운 학과를 명칭을 요구하였다. 이 때문에 새로운 전공계열의 학과 명칭이 필요하게 되었다. 어떻게 보면 새로운 학과 명칭은 체육학자들에 의하여 만들어진 것도 있지만 정책입안자들에 의해서 제도적으로 만들어진 측면도 있다. 다양한 학과 명칭에 따른 몇 가지 문제점이 있다.

첫째, 학문성의 위기이다. 체육은 학문성에 따른 체육적 지식과 전문성에 따른 체육적 지식으로 구분할 수 있다. 현재 체육계 학과 명칭의 다양화는 학문성보다는 전문성 위주에 의해서 비롯되는 것 같은 인상이 짓다. 골프학과, 태권도학과, 골프경영학과, 배구지도학과, 동양무예학과 등 학문성보다는 전문성에 치중하고 있다. 전문성을 위한 학과는 전문대학에서 설치 운영하는 것이 필요하다. 전통적으로 인정된 학문이 되기 위해서는 고유한 연구대상과 고유한 지식체, 독자적인 연구방법 등이 요구된다. 현행 학과 명칭은 이 세 가지의 학문의 성립조건을 충족시키지 못하고 있다. 이전의 학과는 곧 학문성을 드러내는 것이었다. 하지만 지금은 학과의 명칭과 학문성은 관련성이 없다.

둘째, 정체성의 위기이다. 학과 명칭의 다양화로 인하여 학과 정체성이 결여되었다. 도대체 이 학과에서 무엇을 배우고 가르치는가에 대한 궁금증을 유발한다. 학과 명칭만을 가지고는 학과의 특성을 분간하기 어렵다. 그것은 학과의 정체성의 위기를 가져올 수 있다. 명칭만 다르고 배우는 것이 같다면 우리는 어떻게 받아들여야 할 것인가. 특히 학과 명칭의 다양화에도 불구하고 교과과정의 유사하다.

예를 들어 체육학과와 사회체육학과의 교과과정을 보면 대체로 유사하다. 다른 점이라면 사회체육개론, 사회체육프로그램론 등 일부 과목만을 제외하고는 상당히 유사한 점을 가지고 있다. 뿐만 아니라 기존의 체육학의 명칭에 사회체육이라는 말만 바꾸어 사용하는 경우도 있다. 이렇게 되면 대학입학을 준비하는 고3학생들의 학과선택에 혼돈을 줄 수 있다. 학과 명칭만을 보고 입학해서 실제로 배우는 것은 기존의 체육학과와 다를 바 없다는 것에 대하여 실망하게 될 가능성이 있다. 물론 학생이 사전에 자신이 진학할 학과가 무엇을 배우는지 확실히 확인한다면 문제가 없다. 하지만 학과 명칭만을 보고 선택하게 될 경우에 혼돈이 생길 수 있다.

셋째, 전공교수의 부족의 문제이다. 다양한 학과의 신설은 분명히 기존의 체육학과와는 차별성이 있어야 한다. 그래서 나름대로 신설학과에서는 체육학과와 차별화된 과목들을 개설하고 있다. 하지만 이것을 가르칠 수 있는 교수가 부족하기 때문에 기존의 체육학을 전공한 교수들이 가르칠 수밖에 없다. 체육학을 전공한 박사들은 많다. 그러나 새로운 학과에 다른 과목을 강의할 수 있는 박사들은 부족하다는 사실이다. 과목의 명칭만은 그렇듯 하지만 실제로 과목명과 강의 내용은 다를 수 있다. 왜냐하면 과목의 대한 전공을 한 교수가 없기 때문이다. 골프학, 건강관리학을 전공한 교수가 과연 있는가. 전국의 체육계열 대학원 석, 박사과정전공을 보면 이러한 전공은 존재하지도 않는다. 그렇다면 어떻게 이들 학과에서 필요한 과목들이 제대로 강의가 이루어지겠는가 하는 의문을 제기할 수 있다. 물론 기존의 체육학을 전공한 교수들이 성실하고 철저한 강의준비를 통해서 강의할 수 있다고 믿는다. 그것이 쉽지 않는 일이다.

넷째, 학문의 열등감 때문이다. 체육학과에 대한 과거의 인식들이 체육학과는 공부 못하고 머리 나쁜 학생들이 다른 학과에 진학하지 못하기 때문에 가는 곳이라는 생각들이 지배적이었다. 이러한 사회적 인식이 체육학과 진학을 걸림돌 작용을 한 것이 사실이다. 이와 관련 있는 한 얘기를 들어보자. '어떤 부모가 자식이 체육학과를 진학하려고 하니까 극구 말렸다. 이 아들은 자신의 부모가 체육학과에 대한 부정적인 인식 때문이라는 것을 알고 다시 부모님에게 체육학과 대신에 사회체육학과에 간다고 말하였다. 그 부모님은 그게 좋겠다. 정말 잘 결정했다고 말했다'는 일화가 있다. 이것은 체육학과에 대한 사회적 인식으로 인한 열등감의 발로라고 생각한다. 그렇다고 명칭만을 바뀌어서 열등감에서 벗어나고자 하지 말고 자기학문의 자신감을 가질 필요가 있다. 자신감 회복을 위해서 학과의 명칭보다는 학문의 사회적 공헌이나 학문적 발전을 위한 노력이 요구된다.

이상과 같이 체육계열 학과의 명칭의 다양화 현상에 대하여 알아보았다. 지금 이 땅에는 다양한 체육계열 학과 명칭이 생겨나고 있다. 이름만 다르지 내용은 대등소이하다는 것이 일반적인 생각이다. 물론 체육계열 학과 명칭의 문제는 학과 자체의 생존권이 달려 있는 문제이기 때문에 쉽게 다룰 수 있는 문제가 아니다. 하지만 체육계열 학과 명칭의 다양화는 그 자체로 문제를 가지고 있다. 물론 학과 명칭의 다양화는 학생유치에는 일단 성공하였지만 학생들의 욕구를 충족시키는데 성공하였는지에 대해서는 답을 유보해야 한다. 뿐만 아니라 학문의 정체성과 학문성의 문제를 해결해야 한다. 결국 명칭의 다양화는 학문의 정체성에 혼돈을 가져올 수 있는 위험성을 가지고 있다. 이에 대한 구체적인 연구들이 잇달아야 한다.

학과 명칭을 결정하는 데 있어 우선적으로 요구되는 것은 학문의 정체성에 대한 문제의 해결이 필요하다. 이 이후의 다른 학과와 차별화가 가능한 새로운 학과 명칭이 가능한 일이다. 그러나 현재의 학과 명칭의 다양화는 이와 같은 수순을 거치지 않고 단지 학생유지를 위한 생존권 차원에서 학과 명칭에 성형을 가했다는 비난에서 자유롭지 못하다. 구체적인 방법의 모색이 없이 학생들의 선발에 유리한 명칭을 사용하고 있을 뿐이다. 그 한 예로 지방이 모 전문대의 경우 1년에 한번씩 학과 명칭이 바뀌고 있다. 배우는 것은 같아도 외부에 나타나는 모습(명칭)은 다르다.

예를 들어 운동생리정보학과라는 명칭을 보면 과연 운동생리정보학이라는 학문이 존재하느냐 하는 것이다. 체육학의 하부학문을 보아도 운동생리학은 존재하지만 운동생리정보라는 학문은 연구된 적이 없다. 이 학과의 교과과정을 보면 운동생리정보라는 과목은 존재하지도 않는다. 어떻게 이와 같은 학과의 명칭이 생겨났을까. 그 이유는 이 과의 대학 내의 성격과 학과 신설에 따른 제도적인 문제를 가지고 있기 때문이다. 여러 가지 복합적인 문제로 인하여 이 학과의 명칭은 생겨난 것이다. 이러한 명칭은 학문의 정체성을 발견할 수 없다. 운동생리학이 학문자체가 발전하고 있지만 생리정보라는 말은 여전히 납득이 가지 않는다. 문제는 성형이후(학과 명칭 변경)의 정체성을 어떻게 확보할 것인가에 대한 문제가 남는다. 변화를 발전의 징후라고 할 수 있다면 지금의 학과 명칭의 다양한 변화는 분명 체육학이란 학문의 확장과 발전의 한 현상이라고 볼 수 있다.

현재 학과명칭의 변화가 진정으로 체육학의 학문적 발전을 가져오는데 충분한 역할을 하고 있는지에 대해서는 답을 유보해야 한다. 우선 변화는 내외적 변화를 요구하기 때문에 거기에 맞는 명칭의 변화를 기대해야한다. 그러나 지금의 변화는 무늬만 변화는 외적변화만을 가져왔을 뿐 실질적인 내실의 변화를 찾아보기 어렵다는데 문제점을 발견할 수 있다. 이와 같은 변화는 내용(교과과정)은 같으나 외형(학과 명칭)만 다른 모습이라고 할 수 있다. 나는 이러한 체육계 학과 명칭의 다양화는 시대적 흐름에 따른 변화라고 하는데 이의를 제기할 생각은 없다. 이러한 변화에 대하여 긍정적인 시각을 가지고 있지만 명칭에 따른 학문성과 전문성 그리고 정체성을 위한 노력이 필요하다는 것에 동감을 하고 있다. 학과 명칭은 단순한 학생모집을 위한 입시 전략적 차원에 의해서 행해진 것이라면 이를 경계한다. 무엇이 우선인지에 대한 중요성을 잊고 있는 것은 아닌가 생각해 봐야 할 것이다. 이 문제들을 해결하기 위해서는 체육계열 학과 명칭의 정립이 일차적으로 요구된다.

2

절망과 희망 사이 : 교수도전기

사람을 뽑는 일은 어려운 일이다. 이 사람이 조직 내에서 기존의 구성원들과 잘 화합하고 적응할 수 있을지 또는 공헌을 많이 할 사람인지를 판단하는 것은 어려운 일이다. 그렇기 때문에 친분이 있는 사람들의 추천과 후배, 친족관계에 있는 사람을 임용의 우선순위로 결정하고 임용해왔다. 하지만 임용지원자와 임용과정에 참여했던 사람들로부터 임용의 공정성과 투명성에 문제가 있다고 이의를 제기하기 시작하였다. 이 때문에 학교에서는 형식적이라도 공정한 임용을 할 수 밖에 없게 되었다.

형식적인 절차는 임용후보자들에게 이전 보다 더 큰 후유증을 가져다주었다. 왜냐하면 공정을 가장한 비공정이 지원자를 두 번 죽이기 때문이다. 나는 여러 번의 임용을 경험했고 그 과정에서 희망보다는 절망을 경험하게 되었다. 이때의 경험을 바탕으로 교수임용의 문제점에 대하여 알아보았다. 이 글이 임용에서 실패한 자의 한탄이 아니기를 바라면서 스스로 긴장을 유지하면서 써내려 간다.

절망

교수임용 과정에서 절망을 경험한 이유는 여러 가지가 있다. 하지만 그 중에서 절실하게 내가 경험하게 된 절망적인 이유가 있다. 절망에서 벗어나기가 쉽지만은 않기 때문에 아주 절망스러운 일이다. 이런 절망들은 교수임용 지원을 한 경험이 있는 사람들은 공동적으로 가질 수 있는 공통점이다. 이유 없는 탈락, 나가리 등은 지원자를 절망의 늪으로 인도한다. 교수 임용지원과정에서 느끼게 된 몇 가지 알아보았다.

첫째, 차별의 벽이 높다. 차별은 일종의 학벌일수 있다. 지방대 출신은 임용기회가 상대적으로 많지 않다. 아무리 연구업적이 탁월해도 이것은 문제가 되지 않는다. 다만 학부를 어느 학교를 졸업했는지가 결정의 중요한 판단의 사항이 되어버린다. 지방대를 졸업한 사람은 이후에 열심히 연구하고 공부했어도 지방대일 뿐이다. 국적은 바꿀 수가 있지만 학벌은 바꿀 수가 없다. 반편에 명문대를 졸업한 사람은 연구업적이 적어도 문제가 안 된다. 왜 명문대를 졸업했기 때문에 우수한 사람으로 평가된다. 학력고사 점수가 인생의 행로에 중요하게 작용한다는 것을 여실히 체감한다. 서러우면 대학을 다시 가라고 하는 사람도 있다. 명문대 출신은 충분한 능력이 있기 때문에 임용 후에도 연구업적을 쌓을 수 있다는 생각이 심사자들의 공통된 생각이다.

둘째, 아무나 교수가 될 수 없다는 평범한 진리를 확인하게 되었다. 교수자격을 말하는 것이 아니라 그 이외의 문제를 말하려고 하는 것이다. 교수는 아무나 하는 것이 아니라는 것이 경험을 통해서 알게 되었다. 학력, 학벌, 배경, 경제, 관계 등 복합적 요인에 의해서 형성되는 것이다. 아버지가 교수이며 그 아들은 마음만 먹으면 교수가 될 가능성이 높다. 왜냐하면 교수사회에 친분과 인간관계가 네트워크로 작용하기 때문에 쉽게 대학사회에 진입할 수 있다. 조선시대 신분사회의 문제점을 지금 이 땅에서는 아직도 진행형이라는 것이다. 눈에는 보이지 않지만 여전히 출신성분과 학벌은 큰 힘으로 작용하고 있다.

셋째, 임용공고의 문제점이 있다. 속이 뻔히 보이는 공고를 내고 임용을 하는 경우이다. 한 사람을 결정해 놓고 그 사람에게 유리하게 공고를 내는 경우이다. 공고에 보면 나이, 출신 학과에 대한 차별 등을 볼 수 있다. 나이는 만40세 이하로 규정하고 공고를 낸다. 지금은 불평등 요인으로 이 사항은 사라졌지만 이미 내부적으로 나이를 설정해 놓는다. 학부가 틀리다는 이유는 임용대상에서 제외시키는 경우는 아직도 있다. 특히 대학원의 전공에도 있지 않은 전공을 만들어 교수를 채용하는 경우이다. 이 모든 것은 공정한 가장한 형식적 절차의 폐단이다. 학회를 무시하고 학문을 조롱하는 짓이다. 학과가 전공을 만들어 버린다. 학회도 없는데 말이다. 학문이기 보다는 하나의 학과목으로 교수를 채용하는 경우가 여기에 해당한다. 임용후보자에게 적합한 과목을 개설하고 그 과목이 전공명이 되어 버리는 경우라고 할 수 있다.

시간강사로 지금까지 살아가고 있는 어떤 분은 나이 때문에 교수가 될 가능성이 없다고 절망하고 있다. 자신이 공부한 것 이외는 다른 것을 배운 일이 없기 때문에 사회에서 적응하여 살 수가 없기 때문에 이 직업에서 벗어나지 못하고 있다고 말한다. 오직 일관되게 학문과 강의에 매진했기 때문에 다른 길을 찾기란 어려운 일이다. 시간강사 자리 역시 매학기 마다 불안하기 때문에 조마조마 하다고 말한다. 강의를 의뢰하는 전화라도 오지 않으면 실업자가 되기 때문이다. 이런 불안 때문에 이직을 생각하지만 쉽지 않다고 한다. 후배들이 계속 학위를 받고 있기 때문에 물러나지 않을 수도 없다고 한다. 이런 분들은 소수가 아니라 다수가 된다는 것이 사회적 문제가 된다. 사회적 낭비요 개인에게 있어서 인생의 낭비가 되기 때문이다.

넷째, 교수채용 절차가 아직도 투명하지 않다. 임용과정에서 교수들이 합의 하에 임용절차가 생략되는 경우가 있다. 심사자들이 자신들이 귀찮기 때문에 일용절차를 간소화 하는 경우이다. 이것은 이미 사람을 결정해 놓고 임용과정을 진행하기 때문에 발생하는 경우이다. 또한 심사자를 임용대상자와 관계있는 사람으로 정한다는 사실이다. 임용대상자에게 심사자를 알려주면 되지 않는데 심사자를 사전에 특정 임용대상자에게 알려주고 인사를 하게 한다. 이 얼마나 공정하지 못한 일인가. 그런데도 이 같은 일들이 계속되고 있다.

더 한심한 경우는 심사자가 학자적 양심을 가지고 심사를 해야 하는데 그렇게 하지 않고 공모자가 된다는 것이다. 임용절차를 공지하지 못하는 경우는 비리의 의혹을 감출 수 없다. 임용절차를 공고하고 그것에 맞게 일을 처리한다면 문제가 발생한 가능성이 적다. 하지만 임용절차를 투명하게 하는 학교는 별로 없다. 학교의 행정의 편리를 위해서 결과를 기다리고 있는 사람들에 대한 배려는 전혀 없다. 임용후보자들의 개인의 일은 고려하지 않는 횡포라고 할 수 있다.

다섯째, 일명 나가리의 문제이다. 학과에서 뽑고자 하는 사람이 다른 경쟁자에 비하에 처질 때 임용을 하지 않는 경우이다. 많은 임용후보자중에게 진정 임용대상자가 없다는 것은 말도 안 되는 상식이다. 그것은 학교 측에서 전공자들을 조롱하는 일에 불과하다. 단지 대외공고에 “적합한 사람이 없으면 뽑지 않을 수도 있다.” 이 한 구절이 나가리를 법적으로 보호 받을 수 있는 문구이다. 대학에서 자신들이 피해갈 것은 합법을 가정해서 정당해 버리는 모습을 볼 수 있다. 자신들이 뽑고자 하는 사람이 처질 경우에 내릴 수 있는 결정이다. 그리고 다음에 그 사람을 뽑게 다는 말이다. 학교가 개인회사도 아니고 학과 교수들의 문제라고 할 수 있다. 교수를 채용하는 것은 학과 교수들의 개인들은 이익 때문이 아니라 학생들을 위한 교수채용이 되어야 한다. 교수들은 동려교수를 뽑는 게 아니라 일 잘하고 말 잘 듣고 문제를 만들지 않는 사람을 뽑는다는 생각이 지배적이다. 내 사람, 나에게 도움이 되는 사람, 나에게 충성을 다 할 사람에게 교수직을 하사 하는 것이라는 생각이 문제이다. 학과의 발전과 학생들의 성장에 도움이 되는 그런 사람을 뽑는 것이라는 것을 망각하고 있지 않는가 생각한다.

학생들에게 열심히 공부하면 교수도 되면 훌륭한 사람이 된다고 강의에서 말들을 할 것이다. 현실적으로 사회의 문제와 대학의 문제를 알고 있고 그렇게 가르쳐 온 사람들이 실제적으로 그렇게 하지 않는 다는 것은 학자, 교수의 모습이 아니다. 최소한의 학자적 양심을 저버리고 비양심적인 행동으로 일관하면서 어떻게 양심적으로 살라고 학생들에게 말할 수 있나. 이들은 학생들은 속이는 일이며 사기를 치는 것에 지나지 않기 때문에 가르치기를 그만 두어야 한다. 이중적 사고와 잣대를 가지고 학생들을 가르치는 것은 일말의 양심도 없는 직업인으로서 교수이다. 이런 분들에게 무슨 인격과 교육을 받을 수 있는가. 다만 기술을 배울 뿐이다. 교수가 존경을 받지 못하는 것은 학문적 자질만 있고 인품이 없기 때문이다. 인격은 낮은데 학문적 자질이 높다고 존경을 받을 수 있는 것은 아니다.

이상과 같이 교수임용의 문제점을 찾을 수 있었다. 이외에도 다 말할 수 없지만 임용과정에서 볼 수 있는 천태만상을 다 말하지는 못했다. 차마 교수라고 할 수 없는 유치한 질문들, 차라리 하지 않았으면 좋을 것 같은데 치졸한 질문과 비난을 통해서 자신들이 원하는 사람을 뽑으려고 한다. 단지 교수채용을 하지 않으면 될 것을 질문 같지 않는 인신공격용 질문을 하는 교수, 동려교수에게 신호를 보내 지원자를 흠집 내는 교수는 차마 눈 뜨고 볼 수 없을 정도이다. 사람을 흠을 내는 더럽고 유치한 일은 교수신분에서 정말 하지 않았으면 한다. 교수사회 전체의 품위를 떨어뜨리는 일에 지나지 않는다. 유치한 행위는 교수전체를 욕먹게 한다는 것이다. 그런 교수들은 보면 정말 교수하고 싶은 마음이 사라진다.

임용과정에서 내가 배운 것은 절망과 포기뿐이다. 연구업적만을 위해 매진한 시간과 투자는 나의 발전에 토대가 될 수 있지만 현실적으로 조소대상이 될 수도 있다는 것을 경험했다. 논문을 많은 쓰면 많이 발표했다고 비난하고, 적게 쓰면 그동안 무엇했냐고 비난한다. 그것은 단지 자신들의 논리를 정당한 하려는 치졸한 사유에 결과라는 것이 자명한데 교수들의 거룩한 입을 가지고 품위 없는 유치한 말만 한다. 어떤 분에게서 이런 말을 들은 적이 있다. "논문 많이 써봐라 교수 될 수 있는가" 이 말을 한 사람은 논문보다 관계를 중요함을 강조하는 이유다. 이 말은 한 분은 교수들과 친분을 쌓는 일을 연구하고 가르치는 일보다 몰두하였다. 교수들과 골프치기, 술 접대하기, 교수 챙기지 등의 시간과 경제적 비용을 투자하였고 결과적으로 교수가 되었다. 현실을 가장 잘 아는 행위라고 할 수 있다. 과연 나도 후배들에게 연구보다는 교수들과 친분 쌓기에 많은 시간을 투자하라고 해야 하는가. 정말 가슴이 아프다. 연구실보다 골프장에서, 강의실보다는 술집에서 더 열심히 참여해야 살아남을 수 있다는 말을 해야 할 것 같다. 물론 이러한 현상은 교수사회 전체가 아니라 일부분일 것이다. 그렇지 않는 분들이 많기 때문에 현실은 희망적이다.

희망

임용과정은 공정해야 한다. 공정을 가장한 비공정과 주관적인 잣대에 의한 교수임용은 여전하다. 얼마나 수치스러운 일인지에 대한 자성이 필요함에도 이 문제에 대하여 침묵하고 철면피가 된다. 노력하는 자에게 임용기회가 주어지는 사회가 되어야 희망을 가진 사회가 된다. 이를 알지 못하는 교수들은 없다. 학생들에게 열심히 하면 교수가 될 수 있다고 소리 높여 강조하지만 막상 현실에서는 태도가 바뀐다. 성실하고 바르게 살려는 사람에게 보다 많은 기회가 주어져야 함에도 불구하고 현실이 전혀 그렇지 못하다. 시대에 편승해서 기회를 잡기위한 기회주의적 속성을 가진 사람들이 대세를 잡는 경우가 많다. 이것은 멀리 내다보지 못한 것에 불과하다. 단지 실행하지 않기 때문에 문제가 된다. 공정한 임용절차와 과정을 투명하게 있는 그대로 하면 된다.

우리가 사회생활에서 지켜야 하는 모든 것은 유치원에서 다 배운다고 한다. 문제는 알면서 그대로 하지 않기 때문이다. 거기에는 정치, 경제, 관계 등 수많은 변수들이 개입된다. 규정대로 하면 되는데 그렇게 하지 않기 때문에 임용에 따른 불공정 시비가 끊임없이 불거진다. 노력하지 않고 편법으로 교수가 되는 사회에게 누가 공부를 하고 연구에 전념할 수 있겠는가. 사회가 발전하기 위해서는 성실하고 바르게 살면서 자신의 일에 전념을 다하는 사람이 주류를 형성하는 사회이다. 노력에도 불구하고 절망과 불신을 주는 사회는 발전할 수 없는 사회, 떠나고 싶은 사회에 불과하다. 대학원생과 시간강사, 비정규직교수 모든 사람들에게 희망과 용기를 줄 수 있는 교수사회, 한국사회가 되기를 개인적으로 희망한다.

3

논리로 읽는 태권도의 생존전략

지금 세계는 무한경쟁의 급속히 변화를 하고 있다. 신자유주의 확산에 따른 세계 질서 속에서 우리나라는 경제적 성장의 한계를 점차적으로 경험하고 있다. 원유 공급의 차질에 따른 국내 경제의 먹구름 또한 장기 성장에 먹구름이 되고 있다. 천연자원이 부족하고 외국자원에 대한 의존도가 클수록 우리나라 경제 성장은 한계를 가질 수밖에 없다. 특히 경제적으로 성장하기 위하여 경제의 원동력인 에너지 확보가 시급한 일이다. 이웃 중국도 에너지 확보를 위하여 아프리카 작은 나라의 국가 원수가 직접 순방하는 방문 외교를 펼치고 있을 정도이다. 선진국 미국 또한 에너지 확보를 위하여 이라크 전쟁과 같은 명분 없는 전쟁을 하였다.

이제 에너지 자원의 의존하는 공업보다는 굴뚝 없는 공장이라고 할 수 있는 관광, 생명, 정보 중심의 산업에 관심을 모우고 있다. 특히 스포츠산업 또는 무도산업에 눈을 돌릴 필요성이 높아지고 있다. 특히 태권도 산업은 인력수출이외에 자국문화의 해외에 이식함으로써 한국문화를 세계에 전파할 수 있다는 장점을 가지고 있다. 태권도는 또한 관광과 연계한 상품개발이 가능한 영역이다. 이미 태권도와 관광이 결합한 태권도관광이 이루어지고 있다. 뿐만 아니라 태권도에 사용되는 용품산업, 태권도 정보산업, 교육산업 등이 동반 수출로 이어질 수 있다. 기존의 태권도산업의 전략차원을 달리하여 논리학의 외연과 내포의 개념을 사용하여 이를 현장에서 응용할 수 있는 방법을 찾아 볼 수 있다.

지금 태권도의 위기라고 미디어에서 보도하고 있다. 위기는 어제 오늘의 얘기가 아니라 늘 있어왔다. 그런데 지금 위기를 강조하는 것은 그 만큼 다급해졌다는 것을 암시한다. 2012년 올림픽에서 태권도의 생존권을 확보했지만 4년 마다 올림픽 퇴출 종목이 결정되기 때문에 안심하기에는 문제가 있다. 국제올림픽위원들의 투표를 통해서 과반수이상의 찬성표를 얻지 못하면 퇴출되고 만다. 그 예가 야구와 소프트볼에 해당된다. 퇴출이유는 국제적 인구, 재미, 판정시비 등의 문제이다. 이미 가라데와 우슈 등의 무도경기 이외에 다양한 종목들이 올림픽 종목으로 채택되기 위해서 다각적인 노력을 다하고 있다. 지금처럼 재미없는 태권도, 심판판정이 명확하지 않는 오심이 많은 태권도, 한국 위주의 태권도에서 벗어나야 한다는 것이 태권도 자체의 자성의 목소리이다. 다만 알면서 변화기 위한 노력이 하지 않았다는 것이다. 이처럼 경기태권도의 문제만이 아니라 도장태권도 또한 위기라고 할 수 있다. 이 글에서는 경기태권도의 위기 탈출에 대한 연구들이 많이 있어왔기 때문에 생활태권도 혹은 도장태권도 중심의 태권도산업에 연구를 제한하여 초점을 맞추었다.

이 글의 목적은 논리학의 핵심개념인 외연과 내포의 개념을 사용하여 태권도의 생존전략 즉 시장의 지속적 확대에 대한 해법을 제시하는데 있다. 글의 순서는 외연과 내포에 대한 개념을 밝히고 이를 태권도산업에 적용하는 구체적인 방법을 제시하였다. 이를 알기 위하여 논리학에서 주로 사용하고 있는 외연과 내포의 뜻을 파악하여 현장에 직접 적용하였다. 따라서 나는 태권도 산업의 지속적 성장전략을 외연적 팽창전략과 내포적 확대전략을 중심으로 알아보았다.

현대의 대중문화를 유물론적으로 분석하기 위해서 거시적으로는 두 가지 요인을 항상 기억해야 한다. 이 두 요소는 바로 자본주의와 과학기술이다. 이 두 요소는 바로 대중 문화를 20세기의 중심으로 부상시킨 요인으로서 대중문화를 성립시킨 핵심적인 요인이며, 그렇기 때문에 대중문화의 핵심적인 본질을 규정하고 있는 요소이다. 우선 대중문화는 자본주의의 내포적 확대전략의 일환으로 성립되었다. 자본주의의 발전은 한편으로는 시장의 확대를 의미한다. 자본주의가 발전하려면 지속적으로 물건을 팔아 이윤을 챙길 수 있어야 하는데 그러기 위해서는 시장이 지속적으로 확대되어야 한다. 그런데 자본주의가 지금까지 확대해 온 전략은 크게 외연적 팽창전략과 내포적 확대전략이다(박정하, 1999: 16).

존재분별의 요소를 보통 존재의 속성이라 하는데 대하여 개념상호의 분별요소를 개념의 표징이라 한다. 개념이 일정한 존재를 지시한다면, 개념의 표징은 존재의 속성을 지시한다. 개념의 이러한 표징의 전체를 개념의 내포라고 한다. 예를 들어 생명을 가졌으며 언어에 의하여 상호의사를 소통하며 도구를 제작 사용하여 생산을 할 줄 아는 이성적 동물인 것 등등은 사람이라는 개념의 공통적인 표징이요, 이러한 징표의 전부가 곧 사람이라는 개념의 내포이다. 그리고 이 개념이 지시하는 대상의 전체, 즉 이 개념을 사용할 수 있는 대상의 전범위를 이 개념의 외연이라 한다. 황인종, 백인종, 흑인종 등등 사람이라는 개념이 적용되는 전 범위가 곧 사람이라는 개념의 외연이다(박종홍, 1987).

내포는 한 개념이 의미하는 내용, 개념의 내용, 한 개념이 함축하는 속성을 지칭한다. 이에 비하여 외연은 한 개념이 가리키는 대상의 집합을 의미한다. 예를 들어 강아지의 외연적 규정은 어린 개들의 집합이라면, 내포적 규정은 귀엽고, 작고, 예쁜 동물이라고 할 수 있다. 또 다른 예를 들어보면 프랑스 인은 외연적 규정은 프랑스어를 하며, 프랑스국적을 가진 사람이라고 한다면 내포적 규정은 규칙을 잘 지키지 않는 민족, 사유가 자유로운 민족, 자기 민족문화에 긍지를 가지고 있는 민족이라고 할 수 있다. 태권도의 경우 태권도의 내포적 규정은 태권도의 정신, 품세, 대련, 격파로 구성되어 있고 신체활동을 통한 사람됨을 지향하는 것이다. 반면에 외연적 규정은 경기태권도, 무도태권도, 생활태권도 등의 개념에 적용되는 전 범위의 태권도이다.

이하에서 나는 태권도의 생존전략을 외연적 팽창전략과 내포적 확대전략에서 찾아보았다. 단순한 마케팅과 해외홍보를 통해서 성공전략을 수립하기 보다는 철학의 눈을 통한 거시적인 방법 모색이 필요하다. 만약 논리학의 외연과 내포의 개념을 태권도산업 현장에 적용을 한다면 태권도의 지속적 성장 전략을 마련할 수 있을 것이다. 여기서 외연적 팽창전략이란 시장을 공간적으로 확대하는 것을 의미한다. 이에 비하여 내포적 확대 전략이란 시장을 공간적으로 확대하지 않고도 소비자 계층을 늘려서 실제 시장 확대의 효과를 노리는 것을 의미한다.

무도문화산업으로서 태권도 경우를 한정하여 알아보자. 태권도의 경우 문화산업으로 지속적 성장을 모색하기 위해서는 일차적으로 외국진출을 들 수 있다. 지금까지 태권도의 해외진출은 베트남 전쟁 당시 태권도 보급과 미국시장중심에서 벗어나지 못했다. 이제는 미국일변도에서 벗어나 동남아시아, 남미, 아프리카, 유럽시장에 진출하여 태권도 도장을 운영하는 것이 외연적 팽창전력의 한 방법이라고 할 수 있다.

국내 10여개 대학들의 매년 졸업하는 사범들에 의한 도장수의 급증가로 더 이상의 도장운용을 하는데 어려움이 요구되기 있다. 그렇기 때문에 눈을 해외로 돌리는 것이 지금의 현실에서는 급선무이다. 물론 해외도장개척이 태권도 생존전략의 유일한 돌파구는 아니다. 차선으로 이 문제를 더 심도 있는 고찰이 요구된다는 점에서 이 문제를 다시 생각하게 되었다.

첫째, 해외파견이다. 이미 태권도의 해외파견은 베트남과 미국 중심으로 유럽, 대만 등에서 이루어지고 있다. 이 문제는 별 신선한 생각은 아니라고 할 수 있다. 국기원 위주의 해외파견에서 시각을 좀 돌려 생각할 수 있다. 현재 한국해외청년봉사단에서 실시해오고 있는 태권도 사범의 해외의 진출 프로그램을 활성화한다면 외연적 팽창전략을 성공할 수 있을 것이다. 아무런 대가 없이 태권도를 동남아시아 또는 경제적으로 부유하지 못한 나라를 대상으로 태권도 사범을 파견하여 그곳의 어린이들에게 태권도를 무상으로 가르쳐 준다면 그 나라에 태권도의 씨앗을 뿌리는 일이다.

태권도 인구의 확보는 곧 국가 이미지 개선과 태권도 문화를 통해서 한국을 세계에 알릴 수 있는 좋은 방법이다. 이것이 좀더 확장되어 해외에서 자체적으로 태권도 도장들이 건립될 수 있는 조건을 만드는 것이다. 이를 발판으로 해외의 태권도 도장 건립으로 이어지게 할 수 있다면 향후 태권도소비자를 확대될 것으로 볼 수 있다. 태권도만을 위한 생각이 아니라 메이드 인 코리아의 국가 이미지를 세계에 확산시켜 우리산업의 상품 소비를 촉진할 수 있는 광고가 된다는 것이다. 태권도 수련과 더불어 한국에 대한 좋은 이미지를 형성하게 하여 우리나라 공산품을 수출하는 데 도움이 얻을 수 있다.

태권도 소비자의 양상으로 태권도산업의 추후의 생존전략에 긍정적인 힘이 줄 수 있다. 이들을 중심으로 해외에 태권도계와 관광계의 협조를 통해서 태권관광 상품을 개발을 할 필요성이 요구된다. 태권도관광은 단기 관광이 아니라 장기간 태권도 수련을 위한 관광 상품이 되어야 한다. 이 같은 개발을 통해서 해외의 관광객 유치에 도움을 줄 수 있다. 기존의 관광이 보는 관광위주였다는 이제는 체험중심의 스포츠관광으로서 태권도 관광이 활성화 될 수 있다. 그러면 해외관광객 유치에 있어서 유리한 고지를 찾을 수 있다.

둘째, 국비장학생 선발이다. 국기원에서 해외의 태권도 유학생을 선발하여 이들이 한국에서 태권도를 배울 수 있도록 하는 제도를 만들어 이용한다. 태권도에 관심 있는 제3세계 국가들의 청소년들을 대상으로 한국에서 태권도를 유학할 수 있도록 재정적 도움을 줄 수 있다면 이들이 한국에서 배운 태권도를 자국으로 돌아가서 태권도를 자신이 나라에 소개하고 보급하는 일에 앞장 설 것이다. 이를 통하여 시장규모를 확장하는데 도움을 얻을 수 있을 것이다. 이러한 과정을 통해서 태권도의 세계화를 앞당길 수 있으면 해외 도장건립을 위한 유리한 이점을 얻을 수 있다.

우리나라도 경제적 어려움이 있을 때 해외의 장학생선발을 통해서 해외에서 공부하고 돌아와서 그 나라의 친밀감을 가지고 그 나라에 대한 국내의 소개와 관련된 일을 하는 경우가 있다. 예를 들어 일본의 문부성의 장학금을 받고 일본에서 공부한 이들이 대학의 교수, 연구원, 외교관 등의 일을 한다. 이들은 친일파라고 할 수 있을 것이다. 여기서 친일파는 일제 식민지 시절에 일본에 부역했던 이들이 아니라 일본 전문가가 된다는 말이다. 이들이 일본에 대한 적대적 감정보다는 긍정적 감정을 갖고 한국 내 일본의 좋은 이미지를 심는 역할을 하게 된다. 이러한 예를 통해 태권도 해외장학생 선발을 필요하다. 국기원의 일부 예산을 장학생 선발과 교육에 투자하는 거시적인 태권도의 생존전략 차원에서 생각해 볼 문제이다.

셋째, 해외 태권도장학생 선발이다. 대학교들의 태권도 유학생을 선발하는 것도 좋은 방법일 것이다. 용인대, 한국체대, 경원대, 계명대, 경희대, 상지대, 조선대, 영산대, 단국대 등에서 자체적으로 태권도 해외 유학생을 선발하여 이들을 무상교육을 시켜서 자국으로 돌아가서 태권도 도장 확장을 위해 노력하도록 할 수 있을 것이다. 이들을 통하여 무한한 잠재력을 가진 태권도소비자를 양산할 수 있는 방법이라고 할 수 있다. 그렇게 된다면 외국 대학교 내에 태권도 학과가 생겨날 수 있으며 이를 통하여 해외에 태권도 교수를 진출시킬 수 있을 것이다. 또한 해외 도장 확장의 주춧돌을 확보할 수 있게 된다.

이상과 같이 태권도 소비자의 양산을 통하여 세계의 태권도소비자를 확보하게 되는 방안을 알아보았다. 해외의 태권도 소비자의 확산을 통하여 태권도 산업의 활성화를 도모할 수 있다. 태권도 용기구와 용품산업과 태권도장 건립과 정보산업 그리고 교육산업 또한 발전할 수 있을 것이다. 특히 해외 도장을 지속적 관리방법과 교육내용을 관리하는 시스템을 개발하여 세계 태권도 경영을 우리나라에서 주도할 수 있는 방법을 찾아야 한다. 거기다가 태권도 관광산업 또한 막대한 이익을 가져올 수 있다. 해마다 한국방문의 해를 설정하여 국내외 홍보를 하지만 그것 역시 역효과이다. 그것보다는 태권도를 통하여 태권도 수련생들의 장단기적인 태권도 수련관광 프로그램을 만들어서 태권도 관광을 활성화 할 수 있다면 국내 관광객들을 늘어 날 것이다. 예를 들어서 태권도 메카라고 할 수 있는 국기원을 방문하고 태릉선수촌이나 각 대학교의 태권도 학과에서 장기적인 연수를 받을 수 있도록 프로그램을 만든다면 해외 관광객 확보에 도움이 될 것이다.

태권도의 생존전략의 눈을 밖에서 안으로 돌려서 찾아보는 것이 좋을 것 같다. 밖에서 생존전략은 곧 한계를 직면할 수 있기 때문에 안에서 그 해결방안을 모색하는 것이 요구된다. 이 장에서는 내포적 확대전략의 방안을 다양성, 차별성, 계층성, 정신성으로 구분하여 상세하게 알아본다. 이미 외연적 팽창 전략의 한계를 보이기 때문에 우리가 믿을 수 있는 것은 내포적 확대전략이라고 할 수 있다.

첫째, 다양성이다. 대중문화의 특징은 다양성이다. 지금같이 초등학생 위주의 소비자 양산체계는 빠른 시간 내에 시장규모의 한계를 직면할 수밖에 없다면 다양성에 눈을 다른 쪽으로 돌릴 필요가 있다. 따라서 계층의 다양한 소비자 양산이 시급한 문제이다. 이를 위해서 태권도의 상징기호를 부각시킬 필요가 있다. 청장년과 노인 그리고 여성의 태권도 소비를 늘리기 위한 방안으로 다양한 계층의 기호를 파악하는 것이 필요하다. 특히 태권도를 통해서 육체적 건강뿐만 아니라 참선과 단전호흡, 기 수련과 같은 내면의 평화와 정신건강이라는 상징적 기호를 소비하도록 할 수 있다면 내포적 확대전략은 성공할 수 있다. 기존의 어린이들 중심의 태권도 도장 문화에서 노인과 여성 그리고 대학생들이 다수 참여할 수 있도록 기회를 만드는 것이다. 이를 위해서는 동적임 보다는 정적인 차원에서 정신건강을 얻을 수 있는 방법을 고안하는 것을 생각할 수 있다.

둘째, 차별성이다. 이미 우리사회는 소비사회에 진입되어 있다. 프랑스 사회학자 보드리야르가 지적한 소비사회에서 소비는 그 물건의 기능이 아니라 그 물건이 가지고 있는 기호의 소비에 해당한다. 태권도가 기존의 가지고 있었던 기호는 호신술로서의 태권도와 경기로서의 태권도, 무도로서의 태권도의 이미지가 강하다. 이제는 이러한 기호에서 벗어나서 신체미를 위한 태권도와 정신수련으로서 태권도의 이미지화 하는 작업이 필요하다.

태권도 역시 다른 무도와는 차이를 두는 것이 생존전략이다. 유도와 합기도와는 다른 차이의 소비를 할 수 있도록 기호를 차별화 하는 것도 좋은 방법이다. 지금처럼 태권도에서 격파와 대련 위주에 대한 인식에서 품세를 중심으로 한 수련형태의 모색 또한 필요하다. 기공과 단전호흡, 요가가 지금 주된 소비 대상에서 찾을 수 있는 것은 정신세계, 마음의 평화에 초점을 두고 있기 때문이다. 태권도 역시 정적인 측면을 부각하여 품세 중심의 여성과 노인들에 대한 마음의 평화를 가져다 줄 수 있는 프로그램 개발이 필요하다.

셋째, 계층성이다. 기존의 초등학생 위주의 태권도장 운영은 한계를 맞을 수밖에 없다. 왜냐하면 점차적으로 출산인구가 격감하고 있고 노인인구의 증가하기 때문이다. 그렇기 때문에 기존의 어린이 중심의 태권도장의 전략에서 벗어난 장기적인 운영 전략이 필요로 한다. 이를 위하여 급증하는 노인인구를 태권도의 소비자로 유도하는 방안을 생각해 볼 수 있다. 노인들은 태권도 관련성이 아주 희박하다는 생각을 버리고 명상과 건강을 위하여 많은 대 근육 사용을 적게 하고 노인들의 정신건강과 즐거운 삶을 위한 생활태권도에 대한 관심이 필요하다. 노인인구가 급증하면 이 위기를 기회로 삼을 수 있는 다양한 형태의 태권도의 변화가 있어야 한다.

노인체육의 한 방법으로 태권도를 노인의 신체활동에 도움을 줄 수 있는 방안을 다각도로 연구하는 것이 필요하다. 이제 우리사회는 노인사회로 진입했다고 한다. 점점 늘어나는 노인을 위한 태권도의 자체 프로그램 개발에 심혈을 기울여야 할 것이다. 기존의 잘못된 인습적인 사고에서 벗어나 노인들의 여가선용과 건강증진의 차원에서 손쉽게 재미와 건강을 함께 얻을 수 있는 자체 프로그램의 개발이 시급하다고 할 수 있다. 그래서 노인대학을 중심으로 재미와 건강을 모두 제공할 수 있는 교육프로그램을 가지고 노인계층에 접근해야 할 것이다.

넷째, 정신성이다. 이제 변하지 않고는 생존하기 어려운 세상이다. 모든 것이 변화를 추구한다. 변화지 않으면 살 수 없게 된 것이다. 다양한 문화와 다양한 가치 그리고 다양한 욕구들이 넘쳐나고 있다. 기존의 인습적 사고에서 자신을 위로하며 살 수 있는 세상이 더 이상 아니다. 우리는 인습적 사고에 빠져 살고 있는 일이 다반사로 나타난다. 예를 들어 태권도는 아이들이나 하는 것이라는 사고이다. 이 사고는 언제부터 형성된 것인지 정확히 알 수 없지만 언제부터 인습적 사고의 중요한 틀로 자리 잡아 오고 있다. 이미 사고의 중심 틀이 된 것이다. 이러한 사고를 형성하게 한 것은 태권도 자체의 문제점도 가지고 있다. 태권도 다양한 소비양식을 개발하지 못한 것이 그 주된 이유지만 다양한 시도, 탈 인습적 사고에 벗어나려는 시도가 없었다. 태권도장으로 생존하는데 지금까지 문제가 없었기 때문이었다. 하지만 지금은 무한경쟁으로 생존하는데 위협을 직면하게 되었다.

우리나라의 절반은 여성이다. 하지만 태권도를 하는 여성을 초등학생들은 제외하고는 좀처럼 찾아보기 어려운 것이 현실이다. 전문선수가 제외하고 태권도를 하는 여성은 희귀한 존재가 된 것이다. 태권도는 남성의 전유물인가. 그것은 전혀 그렇지 않다. 그런데도 이 같은 현상이 나타나는 것은 그 동안 태권도의 관행처럼 남성중심으로 운영되어 왔기 때문이다. 어떻게 보면 태권도 자체가 여성의 접근을 막았다고 할 수 있다. 따라서 여성들이 태권도에 입문할 수 있도록 하는 방안 또한 강구될 만 하다. 여성들의 다이어트와 몸매 관리를 위한 방법으로 기존의 관심과 참여가 늘고 있는 권투를 벤처 마킹 할 필요가 있다.

권투에 대한 기존 선입견과 편견은 무너지고 있다. 여성들의 기호를 충족시키기 위해 다이어트에 효과적인 프로그램으로 변신하고 있다. 이처럼 태권도 역시 복싱의 변신처럼 변화를 모색하는 것이 필요하다. 여성들의 수준에 맞춘 수련방식과 여성들의 기호를 충족시킬 수 있는 방법들이 모색될 필요가 또한 있다. 어떻게 보면 가정 경제를 운영하고 있는 여성들의 태권도 입문을 유도할 수 있다면 가족 전체를 태권도 가족으로 확산할 가능성이 높다. 가족태권도를 만들 수 있는 열쇠를 여성들이 가지고 있다. 그렇기 때문에 여성들의 몸매관리와 신체미를 고려한 태권도 프로그램 개발에 대한 관심이 요구된다.

이상과 같이 논리학의 외연과 내포의 개념을 가지고 태권도의 생존전략에 대하여 알아보았다. 현재 국내의 태권도 소비시장 규모는 좁아지고 있다. 규모에 비하여 너무 많은 사범들이 대학들에서 배출되고 있는 반면에 태권도 소비자는 어린이들로 한정되어 있기 때문에 발생하는 현상이다. 앞으로 낮은 출산과 노인인구 증가에 따라서 태권도를 소비할 수 있는 소비자들이 줄어들 가능성이 높다. 이로 인하여 태권도 시장은 소비와 공급의 균형이 깨지면서 급속히 팽창하고 있고 지속적인 팽창이 진행될 것이다. 이 때문에 태권도 도장간의 무한 경쟁 체제가 도입되고 있다. 매년 일정수의 사범들이 각 대학교의 태권도학과에서 배출되고 있지만 이들에 의해 새로운 태권도 도장건립의 확장으로 인하여 기존의 도장들과의 마찰과 갈등을 초래하고 있다.

이것은 선배와 후배들의 경쟁이며 대학간의 경쟁이라고 볼 수 있다. 사회 일반에서 볼 수 있는 동문도장은 이를 잘 증명하는 사실이다. 이와 같은 현상이 지속적으로 일어날 경우 물리적 마찰뿐만 아니라 자체 경쟁으로 태권도계의 위험을 경고하고 있다. 따라서 이제 태권도 시장 규모를 확장하기 위해서는 외연과 내포의 의미에 따라서 시장을 확대와 팽창 전략을 마련해야 할 것이다. 이런 전략적 방법들은 이미 실행해오고 있는 것들이라 별로 새로운 것은 없지만 지속적인 태권도산업의 확장을 위해서 논리적으로 밝혀 보았다.

위기의 태권도의 생존전략은 외연적 팽창전략과 내포적 확대전략을 통해서 현실화 할 수 있다면 지금까지 경제적으로 어려운 시점에 다행한 일이 아닐 수 없다. 태권도라는 문화상품을 가지고 이를 잘 활용하는 못하는 것이 문제라면 문제이다. 어떻게 하면 이것을 잘 활용할 수 있는가 하는 생각을 가져본다. 이러한 생각 가운데 하나가 태권도관광이다. 특히 태권도관광은 우리가 많은 관심을 가지고 투자와 개발할 필요성이 높은 영역이다. 우리나라는 태권도 메카이다. 우리나라는 세계의 태권도 수련생들의 마음의 고향이라고 할 수 있다. 이들이 중장기적인 차원에서 한국을 찾도록 할 수 있다면 관광산업의 지속적 성장을 가져올 수 있을 것이다.

지속적인 태권도산업의 확장에서 가장 경계해야 할 문제는 태권도의 정체성이다. 태권도의 생존전략을 위해서 태권도의 정체성을 상실하는 것은 모든 것을 잊을 수 있는 우를 범하는 것이다. 따라서 잃어버려서는 안 되는 것은 태권도를 태권도이게 하는 태권도의 정체성 내지는 정신이다. 너무 경기태권도를 수행하는 과정에서 경쟁정신을 지나치게 강조한 나머지 태권도의 놀이정신이 상실할 수 있다. 또한 경쟁정신을 부각시키기 때문에 현대스포츠가 가지고 있는 고질적인 병폐들을 고스란히 경기태권도에도 나타나고 있다. 이에 대한 대책 또한 필요하다. 문화상품으로서 태권도를 수출하는데 있어서 중요한 것은 형식보다도 내용일 것이다. 문화상품으로서 태권도와 더불어 태권도정신을 세계에 보급하도록 하는 노력, 국내외의 정신건강을 위한 태권도 변화가 요구된다.

4

전공이 없다

대학원 체육학계열 석 박사과정에 체육학 전공이 있는지에 대하여 알아보자. 이 문제를 보다 세밀하게 알아보기 위하여 체육학을 좀더 세분하여 '체육사와 체육철학 전공에 대한 현실적 문제에서 그 원인을 찾아보자. 이 일은 체육학계 현실적인 문제에 대한 문제제기 차원에서 읽어주었으며 한다. 다른 어떠한 논리도 개입되어 있지 않다. 또한 특정대학원을 비방하기 위한 글도 아니라는 것을 밝혀두고 싶다.

이 글은 우리나라 체육계열 대학원 일반을 대상으로 문제제기 한 글이다. 체육사 및 체육철학이라는 표현은 자기 전공에 관한 명확한 정체성, 주제파악이 제대로 이뤄지지 않았기 때문에 나타나는 현상이다. 이는 자신의 전공에 대한 자기 판단에 의해서 전공이 결정되는 한국적 현실을 극명하게 보여주는 모습이다.

적어도 전공이라는 것은 전공영역의 적정한 교과과정의 이수와 해당주제의 박사학위논문의 제출을 통하여 투명한 심사과정을 걸쳐 합격을 하여 학위를 수여 받은 사람만이 전공자가 될 수 있다. 이 외에도 해당 전공영역에 대한 지속적 연구를 통하여 해당전당에 관한 학위 없이도 가능하다고 생각되지만 현실적으로 이것은 어려운 사항임에는 틀림없다. 그렇기 때문에 대학원의 학위과정에서 충분한 전공과목을 이수하고 박사학위논문을 쓰고 그것을 통과하여 학위를 받는 것이 공식적인 전공자로서의 길이다.

체육사・철학에서 가운데 점이 의미하는 것은 체육사와 철학을 동등한 위치에서 같이 보는 입장이다. 체육과 스포츠를 위치를 가운데 점을 사용하여 중도적인 입장에서 표현하는 것과 같다. 그것은 체육과 스포츠를 구분하지 못한 것은 우리나라에서 용어사용의 맥락에 대한 이해가 부족하기 때문에 발생하는 것이다. 이런 측면에서 체육사와 체육철학의 연구영역이 분명하고 규정되어 있는 상황에서 가운데 점을 이용하여 사용하는 것은 해당 전공에 대한 무지 내지를 해당 전공자를 무시하는 행위라고 해석할 수 있다.

한국체육학회의 분과 학회에 체육철학과 체육사는 분명히 분리되어 있을 뿐만 아니라 분과학회 활동 또한 분리되어 학회지 발행과 학회 활동이 행해지고 있다. 체육사 및 철학을 함께 간주하려는 의도는 현실적인 문제와 직접적으로 관련이 있다고 볼 수 있다. 이러한 현상은 체육사, 체육철학 자체 내에서 자생적으로 제기된 문제인가 아니면 이 두 연구영역 이외에 다른 분과학문에서 제기된 것인지 확연히 알 수 없지만 둘 다 관련이 있다고 생각한다.

여기서 만약 체육사 및 체육철학을 전공하는 학자들에 의하여 제기된 문제라고 한다면 그 의도를 의심해봐야 할 것이다. 또한 현직 교수들이 체육사와 체육철학을 모두 강의하기 때문이라고 볼 수 있다. 심지어 모 국립대학의 경우 학과목 자체가 체육사 및 철학이라고 정해진 곳도 있다. 이러한 현상은 타자에 대한 무지 때지는 발생하는 일종의 학문적 테러라고 볼 수 있다. 유사하지만 같지 않음을 조금의 관심이 있는 사람이면 알 수 있다.

만약 스포츠의학 및 생리학이라고 강의 과목을 개설하다면 자연과학을 전공한 교수들이 난리가 날 것이다. 말도 안 되는 일이라고 말이다. 역지사지로 체육사 및 철학을 보면 이해가 명확한데 자신들의 오해를 쉽게 인정하지 않으려고 한다. 중요하지도 않는데 뭐 두 강의를 따로 개설하느냐고 함께 묶어서 개설하는 것이 효율적이라고 생각한다. 얼마나 다른 학문에 대한 몰이해를 자랑스럽게 들어내는 모습인가. 그러면서 자신의 전공이 최고의 학문이라는 확신과 유아독존식의 사고는 자신의 자리와 밥그릇 챙기기에 급급하다.

체육학에서 정신세계에 대한 몰이해를 학문의 빈곤화를 들어내기 쉽다. 체육학의 학문성과 역사성의 이해를 학문의 정체성을 강화하는 것이라는 것을 모르고 있다. 단지 현실성과 효율성만을 강조하고 자신의 학문만을 최고라는 사고는 다른 학문에 종속되어 버리고 만다. 운동처방, 스포츠의학이라는 말은 의사들 아니면 쓸 수 없다는 것이 잘 증명되고 있다. 운동처방사라는 용어를 사용하지 못하기 때문에 운동사라는 대체 명칭을 사용하게 되었다.

의학과의 밥그릇 싸움에 상대가 되지 못하는 것이다. 스포츠의학 또한 의학의 분과학문으로서 의사들이 연구하는 것으로 인정받게 되었다. 체육학 자체의 스포츠의학은 우리들만의 학문에 불과하고 의학에서 인정하지 않는다. 그 이유는 의학은 의사들의 고유한 영역이기 때문이다. 그렇다면 체육의 고유한 영역 밥그릇을 명확하게 말할 수 있는가. 그것은 정신세계 즉 인문학적 연구의 빈곤화에서 연유되는 것은 아닐까. 이러한 기본적인 생각을 가지고 우리나라 대학원 현실에 대한 반성적 성찰과 비판적 입장에서 이 문제를 조명할 필요가 있다.

체육사·철학 이라고 표현하는 것에 대한 문제는 자신의 전공의 정체성의 결여내지 현실적인 이점을 확보하려는 의도들과 맞아 떨어지기 때문이다. 그렇기 때문에 체육사와 철학의 함께 보려는 의도가 깊다. 이 같이 일이 발생하는 일은 교수채용에서 한 사람이 여러 교과목을 담당할 수 있도록 하기 위하여 즉 비용절감 차원에서 이루어지 때문이다.

대체로 국립대학교는 분과학문의 세분된 전공별 교수가 충원되고 있다. 그러나 사립대학은 교수충원이 제대로 이뤄지고 있지 않기 때문에 한 교수가 여러분과학문의 강의를 하게 되는데 그 원인을 찾을 수 있다. 이 같은 현상은 체육학의 자연과학 분야에서는 별로 나타나지 않는다. 그들은 더 세분화 하여 자연과학 분야의 교수를 많이 채용한다. 유독 체육의 인문학의 경우는 그 심각성이 더 하다. 그 이유는 자연과학 분야의 전공자들은 자신들의 학문만을 최고의 학문으로 인정하면서 인문사회분야의 전공에 대해서는 그 중요성을 인정하지 않으려는 의도가 숨어있기 때문이다.

교수채용 공고에 나타난 채용분야는 상식을 넘어서는 측면이 너무 심하다. 체육학의 분과학문이며 대학원 체육학의 전공이라고 할 수 없는 분야가 공고에 집중된다. 약간의 교수채용을 응시한 경험이 있는 사람은 이러한 사실은 상식이다. 특정 후보에서 유리하게 채용공고를 내기 위하여 전공을 인위적으로 만들어 낸다. 교수공채 공고의 모집공고는 강좌명이 전공이 되는 경우가 많다. 그 전공에 해당하는 사람은 어떻게 전공자라고 할 수 있는가. 예를 들어 축구라는 공고가 있다고 하자. 과연 대학원에서 축구학 전공이 개설되어 있느냐하는 것이다. 그렇다면 대학원 전공영역에도 없는 전공이 교수채용에서 들어나면 얼마나 무지한 일인가. 이러한 일이 비일비재하게 교수채용 공고에 나타나고 있다. 이것에 문제를 제기하는 사람은 하나도 없다.

이를 알고 있고 교수들과 체육학회는 좋은 게 좋다고 문제제기하지 않는다. 뭐 자신들의 이익에 조금도 도움이 되지 않기 때문에 방관한다. 이 얼마나 엉터리로 학계가 운영되고 있다는 말인지 자명하다. 한국체육학회 자체가 전공영역을 분명히 하고 이를 정리해야 한다.

체육학 분과학회의 영역만을 공식 전공으로 인정하고 대학원 체육학과 석사, 박사과정 또한 이 영역에 국한하여 강의가 개설하여야 한다. 이러한 전제조건들이 구비되지 않기 때문에 사이비전공과 엉터리 응기응변식의 전공들이 생겨날 가능성이 아주 높다. 전공이 명확히 정립되어 있지 않은 상태에서 관습적으로 인정하는 전공이 아니라 명확한 교과과정과 전공 관련학위논문으로 전공을 인정할 수 있도록 제도적 장치가 마련되어야 한다.

지금처럼 대학원생 자신의 명명한 자체 전공으로 전공자를 구별하기 때문에 전공이 수시로 변화하는 현상이 나타난다. 이는 학문 후속 세대들을 기회주의자, 도덕불감증, 학문적 자긍심 내지는 학자적 양심을 마비시키는 주된 원인이 될 수 있다. 후학들에게 존경받는 선배 학자들이 되기 위해서는 학문후속 세대들의 노력이 헛되지 않게 인정받도록 자체 정리가 우선적으로 필요하다. 그렇지 않으면 후속세대의 학문은 선배 세대의 학문 형태와 크기 다르지 않을 것이며 다르다고 하여서 크게 바뀌지 않을 것이다.

이 같이 문제가 등장하는 것은 자기 전공에 관한 정체성과 자긍심의 결여로 나타난다. 자신의 대학에 취직하기 위하여 자신의 전공을 수시로 바꾸는 현상을 볼 수 있다. 심지어는 자신의 학위논문제목을 학제적으로 상호 관련이 있게 함으로서 교수지원에서 유리한 고지를 차지하려는 속 보이는 속임수를 쓰고 있다. 예를 들어 외국에서 특정한 학문을 전공하고 국내에 들어와서 자신의 전공을 기회가 있을 때마다 전공을 바꾸는 일들이 현실적으로 나타나고 있다. 상황에 따라 자신의 전공을 바꾸는 현상이라고 할 수 있다. 현실적 이익 때문에 자신의 학문에 대한 자존심은 버리는 일이다. 이러한 현상은 학위논문 제목만으로 자신의 전공을 정해버리는 국내 대학들의 문제에서 찾을 수 있다. 이것은 단적으로 학문의 빈곤화 현상을 증명하는 일이다.

외국학위를 국내학위 보다 우선적으로 인정하는 것은 자신이 가르쳐 온 후속세대에 대하여 인정하지 않으려고 하는 것이다. 이를 단적으로 보여주면 자신의 학문에 대한 강한 자존심을 갖지 못한 선배 세대의 모순을 확인할 수 있다. 자신이 속한 자신의 대학에서 자신이 가르친 후속세대에 대하여 인정하지 않는 것은 자신의 학문세계를 인정하지 않는 것이다.

외국대학 학위를 무조건 신봉하는 것은 국내 후속세대들의 외국유학을 부치기고 자생적인 학문의 탄생은 기대하기 어렵게 한다. 학문적 사대주의 내지는 종속되어서 우리나라에 이익에 되는 학문을 하기가 어려워진다. 단지 연구를 위한 연구 내지는 외국의 틀로 우리 현실을 재단하는 일이 반복되어 나타날 뿐이다. 그래서 현장에 있는 교사나 선수들이 알 수 없는 어려운 용어사용과 연구를 하기 때문에 현실과 이론의 괴리를 좀처럼 줄일 수 없게 된다. 현장 교사로부터 외면당하는 연구는 과연 누구를 위한 연구인가 의문이 생긴다.

대학원 전공 박사과정의 교과과정을 특정한 전공이 정해진 것이 아니라 체육학 일반의 교과과정으로 구성되어 있다. 이 때문에 문제의 원인을 제공하고 있다. 국내 대학원 체육학전공은 사실상 세부전공자를 구분할 수 없다.

모두가 체육학 전공일자 일뿐이다. 해당 전공자를 위한 강좌가 개설되어야 하는데 현실적으로 특정 전공자의 수가 적다고 강좌를 없애 버리거나 아니면 강좌 자체도 개설하지 않는다. 이는 대학원 전공을 말살하는 것으로 문제의 심각성이 들어난다. 그럼에도 불구하고 해당전공 학생은 이의제기 또한 하지 못한다. 교수님들의 권위 아래서 순응하는 것만 배워온 학생에 입장에서 현실에서 파생되는 복합적인 문제 때문에 이의 제기를 포기하고 만다. 그러다 보니까 졸업을 해야 하는 현실적인 문제와 비싼 등록금 때문에 자신의 전공과 밀접하게 관계없는 강좌를 수강하게 된다. 이러한 현상이 현실적인 문제로 실제로 나타나고 있다.

한 예로 학위과정 중에는 자연과학을 공부하다가 대학교수 채용을 위하여 학위 논문을 인문사회 영역으로 전공을 선회하여 학위논문을 쓰는 일도 있다. 이 같은 현상은 우리 학계의 학문수준이 얼마나 미천함을 간접적으로 증명하는 것이다. 해당 전공의 수준 높은 논문이 아니라 고만고만한 개론수준의 학위논문이 급조되는 현상이고 이것은 학문의 발전의 저해하는 요인이다. 학위논문에 대한 자긍심을 사라지고 학위를 위해서 어쩔 수 없이 만들어 지는 이상한 현상이 벌어지고 있다. 이 같은 일은 박사학위논문임에도 불구하고 모 학회지에 게제불가 판정을 받는 현상이 나타나기도 한다. 이는 심사위원 및 학위수여자의 자괴감을 주어야 하는데 현실적으로 그것에 대하여 중요성을 두지 않는 것 같다.

적어도 박사과정에 해당하는 전공을 세분하여 구분하고 그 해당 전공에 관한 취득학점이 명시되어야 전공자라고 부를 수 있 다. 해당 전공의 학점이 전체 학점 중에서 70% 정도의 취득과 해당 전공의 박사논문을 써야지 해당 전공자라고 할 수 있다. 이것은 아주 개인적이 생각이지만 적어도 자신의 학점 중에서 이 정도는 이수해야 전공자라고 인정받을 수 있다. 전공과목을 충분하게 반영한 교과과정을 운영하고 있는 국내의 대학교를 좀처럼 찾아보기가 어렵다. 그렇기 때문에 체육철학을 전공한 학생의 이수 과목을 보면 운동생리학, 운동역학, 스포츠경영학, 무용학 등 다양한 과목이수를 볼 수 있다. 정작 자신의 전공에 해당하는 교과목은 몇 과목에 불과하다. 이미 해당 전공자는 자신의 전공분야에 해박을 지식을 가지고 있기 때문에 더 이상 수강이 불필요하고 다만 체육학 분야의 이해를 높이기 위해서 다양한 과목을 수강하는 것을 정당화 시키고 있는지 아니면 제도적 문제인지 분명하지 않다. 나의 입장에서는 후자 때문이라는 것이 경험적 사실을 통해 알 수 있다.

이러한 현상은 학과 내의 교수들의 권력 갈등에 의하여 권력을 잡은 교수로 의지대로 대학원의 교과과정을 조정하기 때문에 발생하는 일이다. 모 명문대학에서는 어떤 교수가 체육철학이 불필요하다고 강좌 자체를 교과과정에서 빼버린 일이 있다. 분명히 해당 전공의 교수가 있는데도 불구하고 무위불식으로 행하는 권력이 체육철학의 중요성에 대한 인식의 결여와 정신세계의 중요성을 망각하는 일이라고 할 수 있다. 눈으로 확인되어야지만 학문이라고 생각하는 학계의 현실은 우리의 정신세계의 빈곤을 들어내고 있다. 결과가 눈으로 확인될 수 있는 것만이 학문으로 오인하는 현상이 아닐 수 없다. 타자에 대한 몰이해는 자신의 몸담고 있는 학문에 대한 부정이라고 할 수 있다. 자신의 전공만이 최고라는 유아독존식의 사고는 학문의 균등한 발전을 저해하는 일이 된다.

또한 이 같은 현상을 자초하게 되는 원인으로 우리 자체의 자성이 필요하다. 10년 연구와 지금의 연구가 별반 다르지 않다고 한다며 무엇이라고 변명할 수 있는가. 지금도 체육사상과 체육철학의 명확히 구분 못하고 체육사학회지에 체육철학의 논문이 실리고 체육철학회지에 체육사의 연구논문이 게재되는 것은 우리 자체의 문제라고 할 수 있다. 명확한 전공영역만이 체육철학의 홀대에서 벗어날 수 있는 길이다. 교육학에서 교육철학의 중요성이 다른 분과학문보다 우선하는데 체육철학은 그러하지 못한 것이 현실이다. 그 이유는 현실적인 문제에 대한 반성적 성찰과 비판 그리고 방향 제시의 주된 역할이라는 기대치를 충족시키지 못하고 있기 때문이다.

한국체육사학회와 한국체육철학회에 동시에 학회 활동에 참여하는 것은 학문의 심화차원에서 환영받을 일이다. 하지만 자신의 연구논문의 성격을 명확하게 하여 해당 학회지에 투고하는 것이 학자들에게 요구되는 학자적 양심이다. 그러한 상식은 적어도 가지고 있다. 보다 쉽게 게재될 수 있는 학회지를 선택하여 투고하는 것은 학자적 양심에 문제가 있는 것이다. 이를 경계하는 것이 필요하다. 이 때문에 특정 학회지의 경우 그 논문 투고량이 많은 것이 학회지의 게재가 용이하기 때문이라고 볼 수 있다. 그렇기 때문에 교묘하게 학회지를 통하여 장사를 하여 이익을 챙기는 학회가 있다.

이상과 같이 내가 말하고자 하는 것은 자신의 학문에 대한 자긍심과 정체성을 가지고 연구와 강의 그리고 학회 활동을 해야 한다는 것이다. 사회적 인기와 돈벌이 그리고 직업보장의 현실적 이익보다는 자신의 학문적 자존심이 자신의 존재이유를 극명하게 보여주는 일이다. 이 같은 현상이 체육학계열 교수채용시장에 직간접적으로 관련이 있다. 또한 국내대학의 학위과정의 교과과정에 문제를 찾아볼 수 있다. 체육학 일반을 강의하는 것이 아니라 적어도 전공 관련 학점이 전공했다고 할 수 있을 정도의 학점을 이수 하여야 적어도 해당 분야의 전공자라고 할 수 있다. 해당전공학점을 몇 과목 수강하고 해당분야의 학위논문을 썼다고 전공자라고 자칭하는 것은 모순이 아닐 수 없다.

그럼에도 불구하고 자신의 전공을 정하는 것은 자신에 불과하다. 연구자 자신이 자신의 전공을 무엇라고 말하면 그것을 인정하는 것이 우리의 현실이다. 그러니까 전문적 지식 보다는 잡다한 지식을 가지게 되고 자신의 전공이 무엇인지도 명확하게 알지 못하고 현실적

이익에 따라 전공을 쉽게 바꾸는 것이다. 해당 전공의 과목을 한 과목도 듣지 않고 박사학위논문을 쓰는 경우가 생겨나고 있다. 과연 그것을 전공자라고 할 수 있을까 거듭 물을 수 있다. 학문적 관심도 없고 다만 교수되기에 혈안이 되기 때문에 자신과 관련 있는 대학의 교수채용의 관련이 있는 전공으로 졸업을 앞두고 전공을 선회하는 현상은 학문의 발전보다는 후퇴내지는 정체를 형성하는 것에 불과하다.

체육학의 특정 전공, 학문적 유행에 따라서 전공을 선택하는 현 실태는 체육학의 학문적 다양성 확보라는 차원에서 미래의 불확실성만을 보여 줄 뿐이다. 자신의 전공에 대한 자긍심과 자신감 그리고 자존심을 가질 전공자가 많아질 때 학문의 발전은 가능하다. 그래야 학문적 논의와 생산적 비판들이 생겨나면 이를 통해서 학문의 발전이 가능하다. 학제간 연구가 훌륭한 연구라고 인식하고 있지만 교차학문과 학제간 연구는 해당연구에 대한 해박한 지식이 전재되어야 가능하다. 그냥 다른 학문의 연구결과를 가져와서 이용하는 것은 학제 간의 연구라기보다는 학문적 종속을 자초하는 경우가 될 공산이 크다.

이하에서 체육사와 체육철학 무엇이 문제인가에 대한 전체적인 문제점을 밝히고 나의 견해를 제시하고자 하였다. 그리고 전공분야를 명확하게 구분하기 위한 실천방안을 구체적으로 알아보았다. 史像과 思想의 구분을 통하여 체육철학이라는 학문의 성격을 분명히 하고 이를 해당학회지에서 명확히 하는 일이 필요하다고 제안하였다. 이를 위하여 구체적으로 실천할 수 있는 방안을 다음과 같이 넷으로 제시하여 보았다.

첫째, 한국체육학회지 각 분과편집위원은 체육사상과 체육철학 논문의 심사과정에서 성격을 명확히 할 필요가 있다. 논문투고자가 어느 분과에 투고해도 그 논문의 제목만을 보고 심사의뢰를 하기 보다는 내용이 어떤 것인가에 대한 성격을 분명히 해서 심사와 발행이 이루어져야 한다.

둘째, 학회의 엄격한 관리와 심사과정의 투명성을 통하여 학회지의 질(수준)을 유지하는 것이 학문 자체를 발전시키는 일이다. 그렇게 되면 학회지의 양이 적어지도 학회의 학회지의 출판 비용에 대한 문제가 될 수 있다는 반론이 제기될 수 있다. 그것에 대한 대책은 학회지를 무상으로 보급하는 지금과 같은 방법이 아니라 고급 지식과 정보를 제공한다는 차원에서 유료화의 시도를 생각할 필요가 있다.

셋째, 대학원 체육학 석사, 박사과정의 교과과정을 적어도 해당전공자로 할 수 있을 정도의 이수학점이 전공과 관련이 있게 개설되어야 한다. 해당전공자의 학점이수에 문제가 없도록 교과과정을 명확히 개설해야 한다. 체육학 일반의 교과과정이 아니라 특정 전공에 해당하는 강의를 개설하는데 배려가 있어야 한다. 배려가 아니라 당연한 이유이다. 그래야 전공이라고 말할 수 있지 않은가 체육학 일반 전공이 아니라 적어도 체육학 하부 분과 영역의 전공에 대한 교과 과정이 마련되어야 한다.

넷째, 체육계열 전공 교수채용 공고에서 모집공고의 전공영역을 체육학회의 정식 전공이라는 인정되는 분과영역에 국한하여 공고가 이뤄져야 한다. 그것이 학회와 체육학의 정체성과 학문성을 명확히 하는 일이다. 그래야 전공에 대한 자긍심과 자존심이 저절로 생겨날 수 있다. 그것이 학문후속 세대를 위해서 선배 세대들이 배려해 줄 수 있는 현실적인 일이다. 적어도 박사학위 과정을 설치하고 기준에 맞지 않게 학사운영과 교수공채 공고에서 인정할 수 없는 전공영역을 공고하는 것은 학문후속 세대들을 기만하는 것임을 알아야 한다. 이와 같은 문제점의 수정은 학문선배 세대들이 학문 후속 세대들을 위한 작은 관심과 배려라고 할 수 있다.

5

스포츠는 평생필수 과목이다

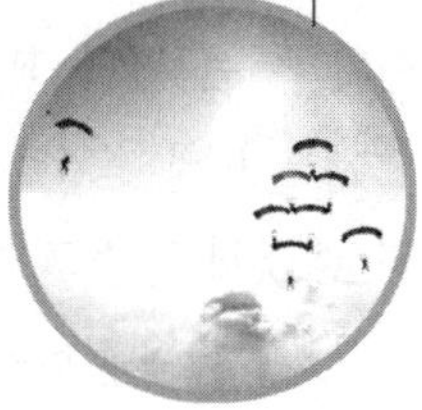

현대는 고도의 과학과 기술이 발달한 문명사회다. 컴퓨터의 등장으로 일의 공정이 단순화, 전문화, 자동화되었을 뿐만 아니라 일하는 시간을 단축되었다. 이 때문에 인간과 인간의 만남과 대화의 시간은 오히려 줄어들었다. 늘어나는 여가시간에 비해 상대적으로 가족, 친구 등과 함께하는 시간은 사라졌다. 이러한 현상은 우리 자신만의 행복을 추구하는 개인주의의 극대화에서 비롯된 것이다.

돈을 목적으로 아버지를 살해한 사건과 대학교수의 아버지 살해, 어머니를 야구방망이로 살해한 중학생, 어머니의 불륜에 앙심을 품고 독극물로 살해한 고등학교 여학생의 사건은 대화의 단절과 남과 어울려 놀 수 있는 공동체의식의 결여로 인해 나타날 수 있는 경우들의 사례이다. 나보다 남을 먼저 생각하는 이타주의와 생명 존중이 사라져 나타나게 된 사건으로 볼 수 있다.

이와 같은 사건은 대학의 교양체육과는 아무런 관련성이 없어 보인다. 하지만 이러한 문제점은 교양체육을 통하여 간접적으로 해결할 수 있다는 생각이 저자의 일관된 생각이며 체육에 관여하는 사람들의 보통의 생각이다. 왜냐하면 삶의 터전에 비유될 수 있는 스포츠에서 공정한 경쟁을 통하여 정당한 승리의 기쁨을 얻을 수 있을 뿐만 아니라 상호존중, 이해, 신뢰, 스킨십의 통한 情을 얻을 수 있기 때문이다. 이는 남과 함께 하는 공동체의식의 형성으로 나보다 타인의 소중함을 배울 수 있음을 의미한다. 즉 남과 어울릴 수 있는 인간관계의 매개체로 스포츠는 누구나 쉽게 자신의 전공과 직업에 떠나 만남의 관계를 유지하게 한다.

사회생활에서의 원활한 인간관계는 바로 교양체육의 수업을 통하여 함양할 수 있다. 교양체육은 말 그대로 교양인이 갖추어야 할 조건이다. 타인과 관계 맺음은 이제 스포츠가 하나의 통로로 작용한다. 대학을 졸업한 사람이 다양한 스포츠 종목 가운데 한 종목이라도 할 수 있다면 사람과의 만남은 좀 자유로워 질수 있다. 한 종목의 운동이라도 못하는 것은 스포츠 소외로 타인과 단절을 가져올 수 있기 때문에 운동을 하는 것은 타자와의 관계를 친밀하게 만든다. 그리고 자신의 삶의 질을 향상시키는데 운동은 필수 불가결한 요소가 된다.

그러면 대학생이 어떻게 1인 1기의 체육기능을 습득 할 것인가? 하는 문제를 열린 교양체육에서 찾아보았다. 지금까지는 교양체육이 일률적인 운동종목, 학생 각 개인의 기호와 자발적인 선택권의 박탈, 프로그램 개발부족, 전문적인 담당기구 부제, 체육시설 부족의 닫힌 교양체육이었다면 이제는 교양체육 활성화 방안으로 열린 교양체육을 제시하고, 그 방안으로 다양한 선택과목, 전담기구의 필연성, 동아리(운동)활동 활성화, 교양체육 계절학기제 실시, 교내 교외 경기의 활성화를 제시하여 학생들이 열린 교양체육으로 신바람 나고, 즐기고, 적극적, 능동적 참여로 각자가 자신의 1인 1기의 체육기능을 습득하는 방법들을 확인할 수 있다.

대학 교양체육의 목적은 선택된 스포츠 활동에 자발적이고 창의적으로 참여하여 자신의 건강을 유지 증진하고 사회적 도덕적 정신을 배양함으로서 풍부한 대학생활과 사회생활을 영위할 수 있도록 하고 나아가 평생 동안 스포츠 활동에 즐거이 참여 할 수 있는 태도를 기르는데 있다. 이러한 목적은 우리가 왜 교양체육을 하느냐에 대한 충분한 근거가 된다. 그러나 어떻게 교양체육을 하느냐에 대한 근거는 획일적인 군사문화의 영향으로 열린 교양체육, 즉 즐겁고, 신바람 나고, 기다려지는 강의 시간이 아니라 의무적으로 이수해야 할 교양필수 아니면 교양 선택으로 유지되어왔다. 이것은 교양체육에 대한 다양한 프로그램개발의 부재와 교양체육 중요성에 대한 인식부족 때문에 나타나는 현상이다.

대학체육은 교양체육, 과외스포츠 활동, 선수중심의 대외경기로 나눌 수 있다. 이중 교양체육은 전학생을 대상으로 하기 때문에 그 비중이 상당히 크다. 교양체육은 우리가 스포츠를 배울 수 있는 마지막 기회 일 수 있다. 왜냐하면 학교를 떠나서는 스포츠 활동을 접하기가 생각보다 힘들기 때문이다. 일단 몸으로 배운 것은 잊어버리지 않는 행동중심의 체육은 교양체육의 충분한 기능연마로 사회체육으로 연계적이고 상호보완적 관계를 유지하여, 학교체육은 사회체육의 활성화를 위한 기초적 바탕을 이루어 평생체육을 지향하는 지름길이 될 수 있을 것이다.

기존의 교양체육에 대하여 저자는 닫힌 교양체육의 개념으로 규정하였다. 이것은 대안적인 열린 교양체육의 상대적 개념으로 구별하기 위한 것이다. 닫힌 교양체육의 특징으로 저자는 교양 체육의 수준별 프로그램 개발 부족, 전문적인 담당기구 부재, 대학 체육 시설 부족,

교양체육 중요성에 대한 인식 부족 등으로 구분하여 보았다.

첫째, 교양체육의 수준별 프로그램의 개발부족이다. 교양체육시간에 실시하는 운동종목은 대체로 소프트볼, 볼링, 테니스, 농구, 골프, 스키 등으로 규정되어져 있다. 교양체육은 수준별 프로그램보다는 초급자 수준에서 운영되고 있다. 여기서 오는 문제점은 학생의 수준별 차이를 무시한 일률적인 교육이라는 점이다. 따라서 상대적으로 높은 기량과 기술을 가지고 있는 학생의 입장에서 선택된 종목에 관심이 없게 된다. 이런 부류의 학생들을 능동적이고 적극적 참여로 유도하기는 어렵다. 이들에게는 교양체육이 마지못해 시간 보내는 수업으로 전락하기 쉽다.

둘째, 전문적인 담당기구가 부재하다. 교양체육은 전학과 학생이 한번은 이수해야 하는 교양과목임에도 불구하고 이를 통괄하여 관리하는 부서가 없다는 것은 문제이다. 일반 선택과 같이 그냥 이수하면 되는 식으로 통용되고 끝나고 만다. 다른 교양과목인 국어와 영어는 별도의 부서가 있어 행정 업무를 전담하고 있다. 따라서 교양체육은 전담기구 부재로 다양한 프로그램이 없이 일률적으로 매년되풀이 되는 교육으로 남아 있게 된다.

셋째, 대학체육시설이 부족하다. 대학 체육시설의 부족은 우리나라 학원스포츠의 고질적인 병폐가 대학까지 이어진 것이다. 학생들이 요구하는 운동종목인 수영, 볼링은 시설부족으로 교외시설을 활용하여야 한다. 대학의 스포츠 시설은 절대적으로 부족하다. 빈 강의 시간의 시간을 이용해 족구를 하는 학생이 많다. 그러나 학교 어디를 가도 규격을 갖춘 족구장 하나 설치되어 있지 않다. 그래서 학생들은 쓰레기통을 양쪽으로 설치하고 끈으로 연결하여 족구를 하고 있는 실정이다.

신세대의 젊은이가 많이 하는 농구는 하고 싶어도 실내체육관은 생각도 못하고 그나마 운동장 구석의 좁은 지역에 설치되어 있는 농구대는 학생들로 붐벼 할 수도 없다. 이러한 체육시설이 부족한 상태인데도 학교당국은 학생을 위한 스포츠 시설을 설치할 생각도 않는다. 학생들이 스포츠를 누릴 수 있는 권리를 요구하지 않는 것도 그 원인이 되고 있다. 교양체육 시간에 땀을 흘리지 않으려고 움직임을 피하고 있다. 특히 여학생의 경우 남학생 보다 더하다. 여름에는 땀을 흘리고 곧바로 수업을 들을 수가 없기 때문에 교양체육 참가에 대한 관심이 남학생에 비하여 적을 수밖에 없다.

넷째, 교양체육의 중요성에 대한 인식이 부족하다는 것이다. 교양체육은 평생필수과목이라는 생각이 필요한데 현실적으로는 시간과 학점이수를 쉽게 할 수 있다는 생각에서 학과목이 운영되고 있다. 대학생들은 경우 교양체육 시간에 흥미를 가지지 않는다. 대학에 와서 무엇 때문에 체육을 해야 한다는 생각이 지배적이다. 학생들은 체육시간에 교양 필수 과목으로 되어 있으니까 그저 학점을 취득하기 위해서 할 수 없이 출석한다고 한다. 이것은 닫힌 교양체육에 문제점이다. 교양체육의 중요성에 대하여 학생들은 알지 못하는 것은 필요성의 절실하게 다가오지 않기 때문이다. 선택된 종목에서 운동이나 하면 된다는 생각이 지배적이다. 이들에게 운동은 기분전환에 지나지 않는다. 이것은 교양체육의 중요성과 건강에 대한 이론교육이 부족한 상태에서 나타나는 문제이다.

열린 교양체육은 닫힌 교양 체육의 상대 개념이다. 이 개념은 자유로운 선택과 능동적인 참여를 전재로 한다. 저자는 열린 교양체육의 특징으로 다양한 수준별 선택종목, 전담기구의 필요성, 동아리 활동 활성화, 교양체육 계절학기재의 개설, 교내 경기의 활성화 등을 제시하여 보았다. 이에 대한 구체적 방법은 다음과 같다.

첫째, 다양한 수준별 선택과목이 필요하다. 개인종목과 단체종목의 선택종목의 다양화 할 필요성이 높다. 대학재학생 중 1인1기가 가능하기 위해서는 선호하는 기호에 따라 언제든지 신청이 가능하고, 수강 신청 할 때 교양체육에 대한 다양한 선택 종목을 개설하여 학생 각자가 기호에 맞게 선택해서 수강을 할 수 있어야 한다. 그러나 강의 질을 높이기 위해서는 한 종목 당 20~30명으로 제한을 두고 기술 수준에 따라서 차별적인 선택이 가능하도록 하는 방안을 생각해 볼 필요가 있다.

선택종목은 학생들이 선호하는 종목으로 수영, 볼링, 스키, 골프, 윈드서핑 등 다양한 선택종목을 설정하여 실시하는 것이 1인1기가 가능하게 하는 조건이라고 할 수 있다. 그리고 개인종목에서 오는 기능습득에 불과한 레포츠에 비해 교육적 효과가 있고 살아있는 교육으로 팀 스포츠의 수강을 선호도에 상관없이 수강하도록 제시되어야 한다. 이것은 팀 스포츠는 누구나 한 종목은 의무적 선택을 규정해야 되고 이를 통해서 나보다 남이 중요하다는 이타주의와 룰에 대한 복종심, 예의, 협동정신, 또한 가장 중요한 살아있는 정이 넘치는 인간관계를 유지하고 개인의 주체성을 확립시킬 수 있다. 따라서 선택종목을 다양화하는데 팀 스포츠와 개인스포츠를 구별해서 학생들에게 팀 스포츠 1개 종목, 개인스포츠 1개 종목으로 차별해 실시할 필요가 있다.

둘째, 교양체육 전담기구가 필요하다. 교양체육은 학창시절에 건강에 대한 인식을 새롭게 하여 자신의 건강에 대한 인생계획을 하게 하는 중요한 시기이다. 이를 위해서는 개인에 대한 건강상태 및 체력강화를 위한 운동처방이 필요하다. 따라서 건강을 위한 교양체육의 중요성을 인식하고 지속적인 스포츠 한개 종목으로 학교체육에서 사회체육, 평생체육으로 계속되어질 수 있어야 한다. 인간이면 누구나 무병장수를 기원한다. 그리고 현실적으로 의료비로 지출되는 가계 부담금은 큰 수치를 차지한다. 이것은 보는 스포츠에 길들여 있기 때문에 행하는 스포츠가 상대적으로 축소됐기 때문에 나타나는 현상이다.

스포츠는 행하는데 그 의의가 있다. 따라서 몸으로 한번 배운 것은 평생을 간다. 즉 몸으로 배워놓은 것은 잃어버리지 않는다. 건강을 바란다면 누구나 운동을 하여야 한다고 인식하고 있으나 어떤 운동을 어떻게 해야 할지 아는 사람은 드물다. 운동은 자신의 현 체력 수준에 맞게 운동처방을 통해 지속적으로 행하여 져야 하며 사회체육, 나아가 평생체육의 근원이 될 수 있을 것이다.

체육학과 부설 스포츠과학 연구소와 교양체육부를 부설하여 두 기구가 연대하여 학생과 교직원의 건강체크를 하여 예방의학으로 스포츠를 활용할 수 있다면 좋은 결과를 얻을 수 있다. 신입생은 입학과 동시에 체력검정을 실시하여 이에 따라서 대학4년 동안 건강에 대한 계획을 제시하고 관리할 수 있다. 학생들은 연구소의 지시에 따라 체력에 맞게 운동을 설정하여 건강한 대학생활, 활력 넘치는 생활을 영위하게 되며 정기적 체력검사를 실시하여 체력을 증진시킬 수 있어야 한다. 이것을 위하여 개인에게 맞는 운동종목을 선택하여 1인1기가 가능하도록 하여야 한다.

교양체육부는 교양체육대상자 관리와 다양한 프로그램을 개발하여 학생들이 즐겁고, 신나는 대학생활을 하기 위하여 운영되어야 한다. 또한 이곳에서 교양체육프로그램을 학생들이 선호하는 종목을 중심으로 개발하여야 한다. 따라서 스포츠 과학연구소와 교양체육부 연구원들이 시행착오를 토대로 학생의 건강, 체력을 위한 프로그램을 개발하여야 한다. 그리고 4년간의 학생들의 체력의 결과와 관심도 평가하고 매년 보다 낫은 교양체육이 되도록 해야 한다.

셋째, 스포츠 동아리의 활동 활성화이다. 스포츠동아리의 활성화는 바로 교양체육의 활성화로 이뤄진다. 교양체육을 통해 기초적인 지식과 능력을 습득하여 그것을 지속적으로 실시하기 위해서는 스포츠동아리에 가입하여 대학4년 동안에 실시 할 수 있어야 한다. 그러나 현재 스포츠동아리들은 전국대회에 출전 상위입상과 학교 운동부를 통해 대외에 알리고 있다. 학교운동선수들은 학교에서 혜택을 받지만 스포츠동아리 소속 학생들은 자신들의 사비로 전국대회에 출전하고 있다. 열악한 장비로 지속적 운동을 실시하여 전국대회에 출전하고 있다. 따라서 스포츠동아리 활성화를 위해서는 재정적 지원이 학교로부터 있어야 한다. 교양체육의 효과를 운동동아리에 가입하여 전문적 수준의 기량을 습득할 수 있다. 전국대회에서 자신의 기량을 확인할 수 있을 것이다.

넷째, 교양체육의 계절학기제 개설이다. 계절 학기를 개설하여 그 동안에 학과공부로 인한 부담감을 덜어주고, 자연에서 살아 있는 교육을 받을 수 있는 계절 스포츠의 기능 습득을 위한 교육이 강화될 필요가 있다. 교양체육에도 계절학기제를 실시하는 학교들이 늘어나고 있다. 왜냐하면 체육에는 계절운동이 있기 때문에 이를 집중적으로 실시한 필요가 있기 때문이다. 여름방학에는 수영, 수상스키, 윈도서핑, 스킨 수쿠버, 골프 등이고 겨울방학에는 스키와 스케이트를 집중 실시 할 수 있다. 예를 들어 여름방학에 야영생활을 실시하면 야외에서 공동생활을 통하여 동료애, 인간애, 협동정신을 배우고, 살아있는 현장을 통해 진지한 만남과 대화로 인간으로서의 고민을 얘기하고 친밀한 情을 얻을 수 있는 좋은 기회를 가질 수 있다.

다섯째, 교내경기의 활성화이다. 교내경기를 연중 실시하여 학생들에게 운동을 생활화 할 수 동기유발의 자극을 제공해야 한다. 그러므로 평소 '술 권하는 대학문화'가 아니라 스포츠를 권하는 대학문화 정착을 위해서도 교내경기를 실시해야 한다. 이것은 교양체육 활성화 방안에 좋은 대책이 될 수 있다. 그 단적인 예로 학교장배 교내농구대회를 들 수 있을 것이다. 과외스포츠는 다수학생이 참가하도록 하는 것이 목적이며, 생활세계 진흥을 위한 기저로서 평가될 뿐만 아니라 체육교육 측면에서도 신체를 통한 정서순화, 정신위생에도 바람직한 효과가 있기 때문이다.

이상과 같이 열린 교양체육에 관하여 알아보았다. 삶의 교양필수로서 교양체육 활성화 방안을 찾아보았다. 지금까지의 교양체육이 프로그램 개발부족, 전문적인 담당기구 부재, 체육시설부족, 학생들의 교양체육 중요성에 대한 인식부족 등의 닫힌 교양체육이었다고 진단할 수 있었다. 이러한 조건하에서 학생들은 피동적이고 마지못해 학점이나 이수하려는 경향이 지배적이었다. 닫힌 교양체육 극복방법으로 열린 교양체육은 다양한 선택 종목개설, 전담기구설치, 동아리운동 활성화, 교양체육의 계절운동을 계절학기에 개설, 교내경기의 활성화 등이 제도적인 조건으로 학생들로 하여금 교양체육이 신이 나고, 신바람 나고, 즐겁고, 재미있고, 기다려지는 수업시간이 되게 할 수 있을 것이다.

교양체육의 성공여부는 학생들의 마음 여부에 달려있다. 교양체육 활성화를 위한 아무리 좋은 개선방법도 학생들이 수동적으로 참여한다면 아무런 효과를 기대 할 수 없다. 이에 학교당국은 닫힌 교양체육에서 오는 학생들의 수동적이며 소극적 참여를 막기 위하여 열린 교양체육의 제도적 장치를 제시할 필요성이 높아지고 있다. 교양체육이 학생들에게 신바람 나고, 즐기는 활동으로 정착하도록 할 수 있다면 지금보다 더 역동적인 학교생활이 가능할 것이다. 이러한 학교의 의지와 학생들의 자발적 참여의식이 하나의 결속으로 연결된다면 교양체육의 활성화를 가져올 수 있을 것이다.

아무리 좋은 개선 방안도 재정적 지원이 없이는 하나의 구상으로 남을 뿐이다. 평생필수과목으로서 교양체육 활성화에 대한 대학들의 확고한 의지를 보여 주는 길은 시급한 학생들의 스포츠 시설을 충분히 구비하는 길이다. 학생들은 건강의 중요성을 인식하고 예방의학으로써 한 학생이 적어도 한 종목의 운동을 꾸준히 실시하여 적어도 대학의 문을 나설 때는 한 가지 이상의 종목에 전문가가 될 수 있도록 운영되어야 할 것이다. 그러면 우리가 살고 있는 사회는 지금보다는 밝고, 명랑하고 건강한 사회복지 국가를 앞당길 수 있을 것이다.

6

스포츠에서 참 나를 만나다

많은 사람들은 아침, 저녁으로 운동하는 모습들을 인근공원이나 한강고수부지, 학교운동장에서 쉽게 발견할 수 있다. 이들은 과연 스포츠를 어떻게 생각하고, 어떻게 받아들이고 있고, 스포츠를 왜 하고 있을까? 이러한 궁금함은 나에게 아직까지 풀리지 않은 것 중에 하나이다. 인간들이 스포츠에 참여하는 이유 또한 다양한데 그 들이 경험하는 스포츠는 그들에게 어떤 의미로 다가서고 있는가. 이에 대한 호기심도 여전히 유효하다. 이런 의문을 풀기 위해서 직접 스포츠에 참가하였던 이들(교양체육 수강자들)에게 스포츠와 나라는 과제를 부여하였다. 이후 그 과제의 내용을 알아보았다.

스포츠와 자신과의 관계맺음의 첫 순간부터 지금에 이르기까지의 체험에 대한 진솔하게 쓰게 하였다. 이를 통하여 제출된 내용을 면밀히 검토하여 과연 스포츠가 개인의 삶에서 차지하는 비중과 역할 그리고 의미를 알아보았다. 개인의 삶에서 체육의 첫 만남은 놀이에서 시작한다. 놀이는 자이든 타이든 어린 시절에 다른 아이와의 놀이는 타인과의 관계를 맺는 일차적인 시기이다. 대체적으로 놀이의 긍정적인 가치를 부여하고 있었다.

스포츠와 나의 관계에 대하여 알아보자. 현재 내가 이야기하려고 하는 학생은 대학교 4학년이며 지금 교양체육으로 빙상수업을 받고 있다. 이 학생은 어릴 때부터 공부라는 말은 전혀 상관없는 아이로 자랐다고 한다. 항상 산으로, 들로, 강으로 눌러만 다니면서 커왔기 때문에 중학교부터는 공부에 조금 신경을 쓰기 시작했다고 말한다. 다음의 글은 그가 지금까지 성장하면서 경험한 스포츠에 대한 기억들이다.

> "지금까지의 생활을 돌이켜보면 오히려 어릴 때 일수록 운동을 더 많이 한 것 같다. 어릴 때는 항상 축구나 야구 등을 하면서 놀곤 하였다. 그 동안 내가 제대로 배워본 스포츠라곤 스케이트, 멀리뛰기, 태권도, 보디빌딩, 볼링뿐이다. 그 것도 스케이트, 멀리뛰기 그리고 태권도는 초등학교시절, 보디빌딩은 재수할 시절, 볼링은 대학교 시절이다. 한 참 활동적이었던 고등학교 시절은 피해갔고 지금은 후회가 된다."

다른 학생의 경우를 소개해보자. 지금 소개하는 학생은 외국에서 학교를 다녔던 이국적인 경험을 가지고 있는 학생으로 한국의 학교체육에 대한 경험과 그것에 대한 느낌을 들어보는 것이 한국적 상황을 이해하는데 도움을 얻을 수 있다. 외국에서의 교육 경험을 가진 이 학생이 한국 학교체육에서 경험한 내용을 살펴보면 우리 학교체육 현실이 어떠한가를 읽을 수 있다. 대학입시에 중압감 속의 학생들은 유일한 신체활동의 시간인 체육시간 마저 주지과목의 보충수업을 위하여 사라지고, 자습을 위한 시간으로 체육 시간이 사용되어지는 한국적 현실에서 체육의 정상적인 교육은 사실상 이론적 가능성만을 제시하고 현실적으로 역행하고 있다. 이 학생의 경험담은 외국 경험을 바탕으로 한국 학교체육 현실에 대하여 실감 있게 알 수 있게 한다.

"한국의 중, 고등학교는 체육 수업이 일주일에 한, 두 번 밖에 없고, 그나마 고등학교 3학년이 되면 아예 없다. 그에 비해 내가 외국에 있을 때 미국 학교에서는 체육수업이 일주일에 3번 있었다. 그리고 수업내용도 한국에서처럼 형식적으로 이론만 가르치고 약간의 연습 시간을 준 다음에 시험을 보는 것이 아니라 선생님이 진심으로 학생들에게 예를 들어 야구는 얼마나 재미있는 스포츠인지 학생들이 몸소 체험할 수 있도록 같이 경기를 해 나가는 식이었다. 또한 학생들의 태도도 판이하게 달랐다. 외국에서는 선생님이 어떤 새로운 스포츠를 가르쳐 주면 강요하지 않아도 그것에 흥미를 느끼고 스스로 그 스포츠를 익히고 제대로 하려고 노력을 했었다. 그러나 한국의 학생들은 선생님께서 이론을 가르쳐 주고 나서 각자 연습할 시간을 주면 선생님의 눈을 피해서 여자 애들끼리 수다를 떨거나 아예 몸이 아프다는 핑계로 수업을 빠지곤 했다." 이처럼 말하면서 이 학생은 스포츠에 대하여 다음과 말한다.

"나는 스포츠를 좋아한다. 나는 특히, 배구, 골프, 탁구, 수영 등을 좋아한다. 특별히 잘하는 종목은 없지만 스포츠를 하면 땀을 흘리고 힘들지만 몸과 마음이 가벼워지는 것 같아서 기분이 좋아진다. 요즘에는 학교 공부 때문에 바쁘기 때문이기도 하지만 한가할 때에도 스포츠를 할 기회는 별로 없다. 줄넘기, 조깅 등을 제외하고는 대부분 2명 이상이 있어야 할 수 있는 스포츠이기 때문에 주위에 같이 할 사람이 없으면 좀처럼 좋아하는 스포츠를 할 기회가 없다. 그러므로 주위에 그러한 여건이 많았으면 좋겠다."

다른 학생의 대하여 알아보자. 이 학생의 과거 스포츠에 대한 경험을 들어보면 유치원 시절에 어머니 손에 이끌려간 태권도장에서의 경험은 정말 고역이었다고 한다. 물론 자발적 의지가 없는 탓이긴 했지만, 경기장 안에서 규칙을 지키면서 발차기를 하고 정권을 내지르고 한 후에, 경기장 밖으로 나왔을 때, 한 대 맞았을 때의 그 분함을 억제하기엔 나는 너무 어린 아이였다고 술회하고 있다. 이 학생의 얘기를 들어보자.

> "초, 중학교 때도 그냥 보통 학생들처럼 체육시간에 스포츠의 흉내내기에 시간을 보내며 그냥 체육 점수 따기에 정신이 없었다. 내가 생각하는 스포츠의 전환기는 고등학교 때인 것으로 생각된다. 우선 내가 하고 싶어 하는 자발적인 의지가 있었고, 흥미를 느끼기 시작했기 때문이다. 바로 검도였다. 자신의 정신적 능력의 수련과 철저한 상대방을 존중하는 예의, 대련하는 동안의 긴장감과 규칙준수, 끝난 후의 마음 정리를 통한 자기 자신의 억제방법 등의 습득을 통해 스포츠의 기본정신을 만들어 가고 있었다. 물론 고등학생이라는 점 때문에 즐겨할 수 없었지만 시간을 내어 도장에 가서 운동을 할 때만큼은 즐거운 시간이었다."

나는 이 학생의 글에서 대학입시의 중압감 속에서 스포츠를 한다는 것이 다소 부담스럽게 작용한다는 것을 알 수 있었고 점차적으로 스포츠와 자신의 관계가 친밀감을 가지게 되는 것을 확인할 수 있었다. 그는 요즘 교양체육으로서 빙상을 수강하면서 체험하게 된 개인적 느낌을 다음과 같이 적고 있다.

> "나는 요즘 빙상의 매력에 흠뻑 빠져있다. 특히 빙상의 스피드감이 너무나 많은 기쁨을 안겨준다. 평상시 무료한 생활에서 벗어나 빠른 스피드와 스릴을 느낄 때는 다른 세계에서 살아가고 있는 듯한 착각을 느낀다. 그리고 하나하나 기술을 배우고 익힐 때마다 자신감을 심어주는 것 같다. 이때 성취감도 느끼는 것은 두말할 나위가 없다."

이상과 같이 세 명의 학생의 경험을 토대로 스포츠와 나의 관계에 대하여 알아보았다. 그렇다면 스포츠에서 참 나를 어떻게 하면 찾을 수 있을까. 대체로 학생들은 스포츠를 통해 자신감과 성취감을 얻어 실생활에 적용한다는 사실이다. 이와는 대조적으로 스포츠에 대한 열등감과 좌절감은 인생을 통해 스포츠 참가하는 방해요소로 작용한다는 사실이다.

특히 현장교사들에게 초등학생들에게 체육지도는 사실상 한 인간이 스포츠에 대한 이미지를 형성하게 되는 매우 중요한 단계에 해당한다. 그렇기 때문에 교사는 중요성에 부합하는 과제와 즐거움을 경험할 수 있는 기회를 학생들에게 제공해야 한다. 그 기회를 통해 학생들은 스포츠는 즐기는 것으로 인식할 수 있으며 그것을 통해 평생 동안 스포츠를 삶의 한 부분으로 인식하게 될 가능성이 높다. 다음은 스포츠를 통해 학생들이 얻을 수 있었던 개인적인 느낌들이다.

> "스포츠는 어떤 것이든지 자신의 것으로 만들었을 때에 비로소 즐길 수 있는 것이지 그냥 저절로 즐길 수 있게 되는 것은 아니다."
>
> "스포츠를 통해 사람들과의 조화를 배웠던 것 같다. 언제나 모두 잘 해야 이길 수 있고 혼자서 잘해서는 안 된다는 것을 알았다. 사람이 살면서 자기만 잘 났다고 나서면 결국에는 경기에 참가하고 싶어도 팀의 인원수를 맞추기 못해 스포츠를 즐기지 못할 것이다. 자신을 죽이고 남을 생각하는 마음을 배운 것이 스포츠를 통해 내가 얻은 것 중에서 가장 큰 것이 아닐까 생각한다."
>
> "나는 심장이 크게 뛰는 것을 좋아한다. 수많은 잡념과 생각들을 다 깨끗이 정리해 주는 커다란 심장 박동소리, 그리고 땀방울, 나는 그것이 좋다."

이처럼 스포츠와 나의 관계 해석을 통해서 스포츠 하는 의미를 찾을 수 있었다. 스포츠에 관해서는 사람마다 다양한 생각을 가지고 있었다. 스포츠를 참 나의 발견과 실현을 위한 매개체로 보자는 것이다. 스포츠와 나의 관계에 대한 학생들의 진술은 살펴보면 스포츠에 대한 과거의 경험을 소중한 기억으로 간직하고 있었다.

초등학교 시절의 스포츠에 대한 긍정적인 인상이 한 학생에게 평생 동안 스포츠참가에 영향을 줄 수 있다. 막연히 학생들이 갖게 되는 스포츠 제약에 대한 생각을 확인할 수 있었다. 또한 스포츠에서 얻은 자신감과 성취욕은 세상을 살아가는데 매우 큰 힘으로 전이되어 실생활에서도 적용된다는 사실이다.

특히 교양체육에서 접하는 특정 종목과의 자신과의 관계를 밝히므로 자신에게 스포츠가 차지하는 역할을 밝혀낼 수가 있었다. 교육자에 입장에서는 학생의 특정 종목에 대하여 가지고 있는 선입견과 부정적 인식을 파악하여 그 장애요인들은 적절하게 제거하는데 도움을 받았으며 교육에 주력할 수가 있었다.

학생 또한 자신의 운동기량이 증가하지 않는 요인을 스포츠와 나의 관계 해석을 통해서 밝혀 낼 수가 있었다. 이는 운동의 기능향상은 성취감과 더불어 자신감 그리고 스포츠에 대한 긍정적 이미지를 가지고 즐길 수 있는 여가행위의 한 영역으로 자리 잡을 수 있음을 확인할 수 있었다.

7

아직도 체벌인가

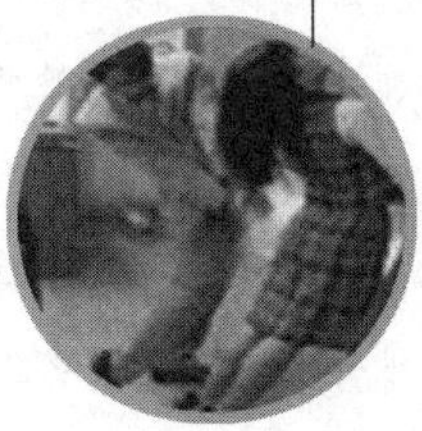

우리사회는 폭력이 넘쳐나는 사회라고 할 수 있다. 성폭력, 언어폭력, 정치폭력 등 수 많은 폭력의 형태가 난무하고 있다. 그 중에서 운동선수들의 폭력은 빼 놓을 수 없다. 물리적인 힘과 경기력 향상 그리고 승리를 쟁취하는 모습은 체육계에서 사라지지 않는 기형적인 모습이다. 언어폭력과 물리적 폭력은 전형적인 폭력의 형태를 보여준다. 무방비에 노출된 운동선수들을 생각하자. 이들에 대한 관심과 군사문화의 잔재로 남아있는 폭력은 추방해야 할 일이다.

체벌과 욕설은 아직도 한국의 학교현실에서 행해지고 있는 전근대적인 산물이다. 학교 내에서도 운동부의 경우 그 심각성은 일반 학생들에 비하여 더 심각하다. 지도자들이 아직도 체벌과 언어적 폭력(욕설)이 운동선수에게 효과적이라는 믿기 때문이다. 더구나 감수성이 예민한 청소년 시절에 가해지는 폭력은 한 인격체에게 나쁜 영향을 준다. 작년의 전국체전에 출전한 한 레슬링 선수의 죽음은 우리 학교 체육의 현실을 상징적으로 나타내준다. 지금은 당시 여론에서 뜨겁게 다루었던 문제가 우리들 시야에서 살아지고 말았지만 아직도 그 같은 행위들이 여전히 우리 주변에서 승리와 대학진학 그리고 취업이라는 이름 하에 행해지고 있다.

현장에서 코치가 체벌을 많이 한다. 운동선수 생활을 조금이라도 경험을 해 본적이 있는 사람이면 분명히 알 수 있다. 경험이 없다고 하여도 매스 미디어를 통해 운동선수들이 체벌을 당하는 현장을 간접적으로 목격한 적이 있을 것이다. 분명한 사실은 여전히 우리나라에서 체벌이 일종의 과도한 승리지상주의와 경기력 향상을 위한 명목으로 행해지고 있다.

운동선수는 운동하는 기계가 아닌 하나의 인격체이다. 운동선수와 감독의 관계는 상하의 수직관계가 아닌 수평적 관계가 필요하다. 무조건적으로 선수에게 주입시키고 훈련만을 시키는 감독이 아닌 선수의 훈련과 기능향상을 돕는 조력자의 역할이 감독에게 필요하다. 하지만 우리나라 현실은 운동선수와 감독은 주종관계에서 벗어나지 못하고 있다. 감독의 말에 절대복종은 물론이거니와 상습적인 체벌에도 훈련은 계속된다.

감독의 경우 선수들의 입상정도에 따라 그들에 대한 처우가 달라지는 것도 선수들에게 체벌을 가하는 중요한 이유 중에 하나이다. 또한 대회 입상 정도에 따라서 선수들의 진학 문제가 달려있다. 감독은 입상을 위해서 선수들을 채찍질하듯 훈련을 시킨다. 심한 경우 비인격적인 체벌을 가하기도 한다.

체벌은 최후의 최악의 방법이라고 할 수 있다. 인간은 생각할 줄 알고 의사소통이 가능하다. 물론 체벌은 빠른 시간 안에 큰 효과를 낸다는 것은 부인할 수 없는 사실이다. 하지만 그것은 지속적인 효과를 낼 수는 없다. 교사나 지도자들은 운동선수뿐만 아니라 학생들에게 가하는 체벌은 일시적인 성과를 얻을 수 있다. 동시에 나쁜 효과가 되어 부메랑과 같은 효과를 낼 수 있다.

계속되는 체벌에 훈련을 집단 이탈하는 경우를 본 적이 있다. 또한 체벌은 지도자 스스로 지도력 부족을 인정하는 것이며 자신의 지도력 부족을 가리려는 하나의 수단에 불과하다. 선수들이 운동을 열심히 하도록 동기를 부여하지 못하고 가혹하게 구타하는 것은 감독의 잘못이다. 훌륭한 지도자는 체벌을 이용하지 않고도 선수들을 지도한다. 미국이나 유럽의 경우, 선수들에게 체벌을 가하지 않고도 실력이 좋은 선수들을 육성한다. 계속되는 체벌에 따른 무조건적인 훈련에 문제가 있다. 이 때문에 선수는 하나의 운동하는 기계로 전락하며 창의성마저도 잃게 된다.

선수는 감독과 코치의 부당한 체벌에는 스스로 방어 할 수 있는 저항의식이 필요하다. 적어도 이유 없이 당하는 체벌에 대하여 부당성에 대한 자신의 목소리를 낼 수 있어야 한다. 그것이 선수 자신이 스스로를 지키는 일이며 자신의 권리를 찾는 것이다. 그리고 감독은 체벌과 폭력의 경계를 확인하고 체벌을 하기 앞서 체벌이 최선의 방법이 아닌 최후의 방법이라는 생각을 가질 필요가 있다.

선수들을 조금 더 인격적으로 대한다면 선수 스스로 감독을 존경과 작전에 대한 이해와 실행이 앞설 것이다. 이와 더불어 국가 정책으로 운동부가 있는 학교의 감독들의 재임기간을 보장해 줄 수 있다면 체벌이 사라질 것이라는 낙관적인 생각을 해 본다. 지도자들의 안정적인 처우 문제가 마련된다면 심리적으로 안정될 수 있기 때문에 따듯한 마음으로 선수들을 지도할 것이다.

8

우리 체육(학)을 찾아서

20세기 중반만 해도 체육(학)을 논할 때, 학문의 세계에는 일정한 편견이 존재 했다. '체육은 학문이 아니다'라는 것이다. 그 후, 약 반세기동안 체육관련 학자들은 과학적 연구방법을 통해 '체육은 학문이 아니다'라는 논의에 수많은 반증을 제시해 왔다. 결국, 체육은 학문의 전문 영역으로 자리매김했다. 체육을 전문적으로 연구하는 오늘의 많은 학자들 중, 체육이 학문인가? 라는 질문을 던지는 자는 더 이상 없는 듯하다. 체육의 학문성 논쟁은 체육의 학적 구조의 완성과 함께 그들에겐 지나간 추억일 뿐이다.

학적 구조의 완성 외에도 학문에는 두 가지 기본적인 사회적 요구가 있다. 하나는 새로운 사실을 끊임없이 추구하는 것이고, 다른 하나는 그 새로운 사실을 토대로 사회를 재해석하고 재구성하는 것이다. 과거 체육의 학문성 논쟁이 체육이 학문의 구조적 특성을 갖고 있는가에 주목했다면, 오늘날 학문성에 대한 도전은 체육이 학문의 사회적 요구에 충실한가라는 것이다. 답은 자유롭지 못하다. 체육의 새로운 학문성에 대한 도전은 곧 현재 체육(학)의 정체성과 연결되기 때문이다.

첨단의 과학적 통제 안에 수행되어지는 수많은 체육학 연구 성과물들을 우리는 어떤 의미 또는 기준으로 체육학연구라고 부르는가? 단지, 운동(인간의 움직임)과 관련되었다는 이유가 기준이 되는 것인가? 정체성의 문제를 논할 때, 정체성을 판단하는 기준이 무엇인가? 라는 질문이 우선 해결되어야 한다. 정체성의 판단 기준은 탁석산이 '한국의 정체성을 논할 때 제시한 기준을 차용하고자 한다. 그는 현재성, 대중성, 주체성을 세 가지를 판단 기준으로 제안했다.

한국의 체육(학)의 정체성을 논할 때, 우리는 무엇을 이야기하는가? 저 멀리 신라의 화랑인가? 아니면, 일본을 통한 개화기의 서구의 체육인가? 아니면, 현재도 진행 중인 미국의 학제를 모방한 체육학사회(한국체육학회)인가? 이 글은 21세기 한국 체육학의 정체성에 대한 의문에서 시작하였다.

체육학을 이해하기 위해서는 학문의 정의가 먼저 필요하다.이 학문적 정의는 이기백(1994)의 정의를 따른다. 일반적으로 학문은 "지식추구의 방법"으로 정의된다. 학문에 대해 좀더, 구체적으로 살펴보자.

첫째, 학문은 관습 또는 습관적 사고에서 벗어나 의문을 제기하는 데서 시작한다. 그렇다고 해서 학문이 현실과 떨어져 있는 것은 아니다. 다만, 관습이 현실문제에 즉각적인 답을 준다면, 학문은 시간은 걸리지만 근본적인 해결책을 준다고 할 수 있다. 태양이 지구를 도는가? 아니면 지구가 태양의 주의를 도는가? 라는 질문을 한다면, 아마도 모두들 어처구니가 없다고 생각 할 것이다. 왜냐면, 지구가 돈다는 것이 너무도 자명하기 때문이다. 그러나 이 질문을 약 1000년 전에 물었다면 어떨까? 그 대답 또한 자명할 것이다. 태양이 지구를 돈다. 만약에 우리가 정말 태양이 지구주위를 도는가? 라고 의문을 제기하지 않았다면, 또한 관습적 사고에서 벗어나지 않았다면, 아마도 태양은 지금도 계속 지구를 돌고 있을 것이다.

둘째, 따라서 학문의 목표는 진리의 탐구에 있다고 할 수가 있다. 진리는, 당연한 일이지만, 거짓이 아닌 것이다. 예를 들어, 역사적으로 한국의 기원은 어떻게 되는가라는 질문에 우리는 습관적으로 대략 B. C 2400전의 단군의 고조선 건국을 들것이다. 그러나 이것은 역사학적 대답이라기보다는 관습에 의한 상징적 신화적 대답이다. 사실 역사학으로 볼 때 이 땅의 첫 번째 국가의 형성은 그보다 1500년이 지난 후 처음 등장하기 때문이다. 진실과 거짓을 가려내는 작업이 학문의 기본적인 임무인 것이다.

셋째, 학문은 보편성과 타당성을 지녀야만 한다. 진리란 어느 한 사람만이 고집한다고 해서 통용되는 것이 아니다. 다른 사람도 그렇게 인정할 수 있는 근거를 지녀야 한다. 예를 들어, 가까운 이웃 나라 일본의 학자들이 독도를 몇 가지 자신들만의 역사적 사료를 통해 자신들의 영토라 주장하는 것은 학문의 세계에서는 결코 통용되지 않는다.

넷째, 그러나 아무리 그것이 진실 된 것이고 또 중요한 것이라 하더라도, 개별적 사실의 누적만으로 학문이 되는 것은 아니다. 개별적 사실들을 연결시켜 하나의 체계를 세워야 비로소 이를 학문이라 할 수가 있는 것이다. 요즘 한국 축구의 박주영선수가 대단히 인기가 있다. 하지만, 박주영 선수에 관련되어 아무리 객관적으로 진실 된 연구가 진행되어도 우리는 이것을 박주영 학이라고 부르지는 않는다. 한국축구의 학문적 연구와 관련지어, 예를 들어, 스포츠사회학 또는 체육사학과 같은, 박주영선수의 위치를 확인할 때 비로소 의미 있는 연구라 할 것이다. 이러한 학문의 성격으로 말미암아, 학문은 현실과 떨어져 이를 객관적으로 바라볼 수 있는 위치에 있을 필요를 느끼게 된다. 숲 속에선 숲을 느낄 수만 있지, 객관적으로 바라보는 것은 불가능하기 때문이다.

이러한 학문의 정의를 토대로 체육학의 개념을 살펴보겠지만, 사실, 체육은 사회로부터 세 가지 임무를 수행할 것을 요구받아 왔다. 그 첫째가, 고등학교까지 학교에서 행해지고 있는 교과로서의 체육이고, 둘째는 일반사회에서 행해지는 스포츠 활동이며, 셋째가, 대학의 진리탐구 영역으로서 체육학이다. 그러나 학교체육과 스포츠 활동은 학문적 영역의 체육에서 벗어나 있으며, 또한 학문으로서 체육은 학교체육과 스포츠 활동 영역 밖에서 체육 전문가들만이 연구하는 이론적인 영역이라는 전제는 아니다. 다만, 체육의 특수성에 따라 전문성(profession)을 강조하는 체육과 학문성(discipline)을 강조하는 체육으로 분류하여 접근하여야 한다.

먼저, 교과로써의 체육이다. 19세기말, 나라마다 약간의 차이가 있지만, 체육은 학교의 정식 교과로 인정받기 시작한다. 당시의 대부분 사회의 주요한 관심은 건강 증진에 있었다. 즉 교육적 가치보다는 건강증진을 위한 실제적인 가치를 강조하는 측면에서 체육은 시작 되었다. 그러나 20세기에 이르러 미국의 실용주의 철학자이며, 교육학자인 존 듀이의 "신체활동은 지적 활동일 뿐만 아니라 다른 사람과의 행동을 연결시키는 사회적 활동"이라는 주장이 받아들여지면서 체육의 개념은 교육적 활동뿐 아니라 사회적 활동 영역으로 확대 된다. 이러한 개념의 변화는 학교체육 프로그램을 건강증진을 위한 단순한 체조과목에서 무용, 경기, 게임, 육상, 체조 등의 다양한 신체활동을 포함하게 되고, 결국 체육은 '신체의 교육'에서 '신체활동을 통한 교육'(education through the physical)으로 정의되게 된다.

학문으로서의 체육에 대하여 알아보자. 체육은 1960년대까지 정말 사회의 요구를 훌륭하게 충족시켜 왔다. 하지만 1957년 구소련은 스프트닉(Sputnik) 인공위성의 발사한다. 제2차 세계대전 후 최선진국가로 자부하였던 미국은 큰 충격을 받게 되었다. 이는 곳, 대학교육에 큰 영향을 미치게 되는데, 과학 및 수학교육 등에 대한 개혁과 학문중심의 교육과정으로 전환을 야기 시킨다. 이에 그동안 전문성만을 강조하던 체육 또한 영향을 받게 된다. 당시, 하버드 대학의 총장이었던 Conant는 '미국의 교사교육'이라는 연구에서 운동기능과 신체활동만을 교육내용으로 하는 체육교과를 '기능 중심적 교과'로 규정하고 그러한 교과목은 학문을 하는 대학 교육과정에서 제외시켜야 한다고 주장한다. 즉, 체육학의 지식체계란 운동기능과 신체활동에 관련된 것일 뿐 독특한 이론체계란 존재하지 않기 때문에 대학 및 대학원에서 연구할 가치가 없다는 논리를 전개한 것이다.

그러나 체육학자들은 Conant의 학문적 도전에 즉각적으로 응전한다. 캘리포니아 대학의 Henry박사는 '체육 : 하나의 학문'이라는 글에서 체육을 조직화된 이론적 지식체계를 갖춘 학문(academic discipline)으로 규정하고, 체육 속에는 학교교육기관에서 가르치는 '실제적인 내용'과는 별개의 학문적이고 '이론적인 내용'이 포함되어 있다고 주장한다. Henry의 주장은 많은 체육학자들에게 공감을 주었고, 체육에 대한 학문공동체를 구성하게 되는 계기를 마련케 하였다. 그리고 체육에 대한 순수한 이론적 지식체계를 개발하게 하였다. 그러한 노력으로 학문적 지식과 그것의 실제적 적용과의 관계를 연구하기에 이르게 되었다. 결국, 학문성의 강조는 신학문주의자들이 체육과 교수진에 임용을 가능케 하고, 새로운 교육과정을 계획하고 운영하게 된다. 즉, 체육과는 전문가(교사, 코치)를 양성하기 위한 프로그램뿐 아니라, 체육학의 하위 분야로 체육사, 체육철학, 스포츠사회학, 스포츠

심리학, 운동생리학, 운동역학, 스포츠교육학, 스포츠경영학 등의 연구를 통해 당당히 체육학의 고유한 지식을 생산하는 하나의 학문으로 성장하게 되었다.

우리 체육(학)을 찾는 것은 정체성을 연구하는 것을 의미한다. 우리 체육학의 정체성의 판단 기준은 탁석산이 '한국의 정체성을 논할 때 제시한 기준을 이 연구에서는 차용하고자 한다. 그는 정체성을 판단하는 것으로 현재성, 대중성, 주체성이라는 세 가지를 판단 기준을 설정했다. 이하에 글에서도 탁석산의 이론을 근거로 하여 체육학의 정체성을 판단하는 근거가 될 것이다.

첫째, 현재성이다. "나는 한국의 정체성 판단 기준으로 현재성, 대중성, 주체성의 세 가지를 제안 하고자 한다. 그에 앞서 우선 시원(始原)이 정체성의 기준이 될 수 없음을 말할 것이다. 우리는 시원을 따지는 습관이 있다. 시원을 정체성 판단에 아무런 기여를 하지 않는다. 문제는 현재이다. 현재 한국이 갖고 있는 모든 것이 한국의 정체성 판단을 위한 대상이 될 수 있다. 다시 말해서, 과거의 것도 재현되어 현재에 존재한다면 현재의 것이다. 지금 존재하지 않는 것들의 시원을 탐구하여 우리의 것을 찾는 것은 무의미하다. 재현된 과거만이 현재이고 우리의 정체성 판단의 요소가 될 수 있다. 따라서 미국에서 비롯되었든 일본에서 비롯되었든 간에 현재 한국에 존재한다면 일단 우리의 것이 될 자격을 갖췄다고 할 수 있다."

우리 체육의 정체성을 과거의 체육의 원형이라고 할 수 있는 신라 화랑의 체육에서 찾기 보다는 지금 여기서 찾는 것이 더 한국적 이라는 것이다. 변화하지 않는 것이 없다고 한다. 변화는 시대의 흐름의 따른 당연한 귀결이다. 체육 또한 화랑의 체육이 우리의 체육이고 또 식민지 체육은 부정해야 할 체육이라는 논리는 설득력을 얻지 못한다.

화랑체육, 식민지체육, 현재 체육 모든 우리의 체육 안에서 변화하여 왔다. 외부의 체육을 수용하고 변용을 거쳐 우리 체육을 형성하고 있다. 이처럼 역사적 사건과 변화에 따른 체육의 모습은 당연히 변하된 모습으로 나타난다. 그런데 화랑체육은 우리 것이고 식민지 체육은 우리 것이 아니라는 억견은 이제 떨쳐버려야 할 것이다. 끊임없는 자성적 성적을 통하여 우리 체육을 형성하는 것이다. 그것은 수용개방성의 태도에서 확인될 수 있는 것이다. 배타적 감정만이 아니라. 수용하려는 개방성이 요구되는 것이다.

둘째, 대중성이다. "하지만 현재성만으로는 불충분하다. 왜냐하면 대중의 지지와 호응이 없다면 한국적인 것이라고 할 수 없기 때문이다. 소수의 한국인 즐기고 부르기에는 한국적이라고 말하기보다는 조용필의 노래가 더 대중적이므로 조용필의 노래에서 한국적인 것을 찾는 것이 더 합당해 보인다. 다시 말해서, <서편제>보다 <쉬리>가 더 한국적이라고 말할 수 있다."

태권도는 가라테와 아무런 관련성이 없는가. 이 문제에 대하여 학문적 관심을 가진 이들은 밀접한 관련성이 있다는 사실을 부인하지 못할 것이다. 태권도는 분명 일본의 오키나와에서 형성된 가라테의 변형이라고 할 수 있다. 하지만 외부의 무술을 수용하고 변용하는 것은 문화의 발전 과정이다. 지금 태권도와 가라테는 다른 무술이라고 할 수 있다. 여기서 우리는 한국적 수용의 문제를 들 수 있다. 우리의 체육은 고유의 택견보다는 태권도에서 우리의 정체성을 더 찾을 수 있는 것이다. 택견은 박제화 된 박물관 무술이 되어가고 있기 때문이다. 물론 이것에 반론을 제기하는 택견에 관련된 사람들이 있을 것이다.

그러나 현재 태권도는 우리나라를 대표하는 세계적인 무술이 되었다. 한국을 하면 생각나는 것 중에 하나가 태권도이다. 이런 태권도가 올림픽 정식종목에서 퇴출당한 위험성을 직면하고 있다. 이 문제는 태권도가 박제화 된 무술이 아니라 진행형의 무술이라는데 있다.

지금도 변화하고 다른 무술을 수용하지 못하면 태권도 역시 박물관 속으로 자리를 잡아야 할 운명을 경험할 수 있을지도 모른다. 하지만 태권도는 재미있는 태권도, 모두가 함께 할 수 있는 생활체육으로서 태권도, 정신 건강으로서 태권도를 모색하고 있다. 이렇게 변화하고 있기 때문에 더욱 한국적 정체성을 갖는 것이다.

셋째, 주체성이다. "현재성과 대중성 외에 주체성이 정체성의 판단의 한 기준이 된다. 우리가 아무리 외양에서 미국인과 비슷하다고 해도, 즉 같은 종류의 옷을 입고 같은 종류의 음악을 듣고 같은 종유의 햄버거를 먹는다 해도 우리는 미국인과 다를 수 있다. 우리가 주체적으로 미국 문화를 수용했다면 그 문화는 외양의 유사함에도 불구하고 한국적인 것이 될 수 있다. 우리의 주체적 태도는 정체성의 중요한 기준이다."

이 주장은 우리 체육(학)을 다시 돌아보게 한다. 우리가 하고 있는 체육이라는 것이 장소만 다르지 미국에서 하고 있는 체육과 다르지 않다는 것이다. 그 이유는 우리 체육이 대부분 미국에서 유학하고 돌아와서 최신학문에 대한 자긍심만 가지고 한국적 현실을 무시하고 최신 이론의 적용에만 급급했기 때문이다. 단지 미국의 이론을 우리에게 적용하는 대상만을 다를 뿐 현실적 요구를 수용하지 못하였다. 그런 연유로 현장의 실천과 학문의 이론을 평행선을 달릴 수밖에 없게 되었다. 우리 몸에 맞지 않는 옷은 아무리 화려하고 비싼 옷이라도 어울리지 못하는 그림속의 떡과 같다. 현실에 대한 고민 속에서 학문의 발전을 할 수 있고 그것은 우리 체육의 질에 기여할 수 있을 것이다.

한국의 체육학은 1953년 한국 체육학회의 결성에서 한 학문의 체계로서 공식적으로 학문세계에 등장한다. 1960-70년대의 스포츠과학화 운동과 1980년대에 이르러 세계적인 스포츠대회를 개최하면서 체육학의 과학화는 자연스럽게 하위 분 과학의 체제를 갖는 한 학제적 학문체계를 갖는 학문으로 성장한다. 한국의 체육학은 외견상 정말 놀라운 발전을 이룩해왔다. 이는 선배 학자들은 선각자적인 헌신적인 노력의 결과이다. 하지만, 외견상의 이렇게 다양한 성장은 약간의 문제를 야기하고 있다.

첫째, 연구대상의 문제이다. 한국의 체육학은 자신의 학회(Korean Alliance for Health, Physical Education, Recreation and Dance)의 영어식 표기에서 건강, 레크레이션, 체육 그리고 무용이 연구 대상임을 알려주고 있다. 이 구조는 체육학 연구의 출발점인 체육학의 연구대상에 대한 물음에 현재 자신의 분과학(체육사학, 체육철학, 스포츠사회학, 스포츠심리학, 스포츠교육학, 운동생리학, 운동역학, 체육측정평가학, 스포츠산업・경영학, 사회체육학, 여가・레크리에이션학, 특수체육학, 운동영양학, 무용학, 발육・발달학. 2005년 1월 현재)의 연구 상황과 비교해 보면 매우 상이함을 보여주고 있다.

둘째, 모 학문과의 관계의 문제이다. 현재의 하위 분과 학은 대부분 체육(Physical Education), 스포츠(Sports) 또는 운동(Human Movement)이라는 다중의 접두어를 가진 분과 학의 명칭을 사용하고 있으며, 이는 후학들에게 자신의 특정한 연구 영역이 무엇인지를 애매하게 하고 있다. 더욱이, 체육학의 하위 분과 학은 과학의 특성상 전문화, 세분화 되다보니 체육을 연구하기 위해 빌려온 기존의 모 학문의 시각에 모든 것을 맡기는 상황이 되었다. 즉 체육학은 사라지고, 실험 설계 및 방법을 빌려준 모 학문의 하위 분과 학이 되어 연구 되는 상황이 된 것이다.

셋째, 하위 분과 학의 상호관계의 문제이다. 체육학의 분과 학은 서로 다른 길만은 고집하고 있다. 각종 분과학회의 성과물만 난무 할 뿐 통합된 연구는 찾아보기 힘들다. 심지어, 분과학자들 간의 대화가 가능한지도 의문스럽다. 체육학 사회에는 억지스러운 물리적 결합만 존재할 뿐 진정한 화학적 결합은 아직 이루지 못했기 때문이다.

이러한 위기 상황을 극복하기 위해서는, 체육학의 과학적 정당성을 이론적으로 확인 해보아야 한다. 엄밀하지 못한 과학적 구조를 갖는 한, 체육학은 자신의 학문적 정체성을 끊임 없이 위협 받을 수 있기 때문이다. 여기에 체육학 연구자들의 학문적 자세 태도는 매우 중요한 사항이라 할 수 있다.

우리 현실의 바탕으로 미국, 프랑스, 독일 이들의 학문에 대한 동경만을 가지고 그들은 닮아 가려고 하지 말고 그들의 학문에 대하여 주체적 태도를 가지고 우리화하는 것은 중요한 것이다. 비싼 학비를 지불하고 배워온 학문이 사대주의를 키우는 데 활용되기보다는 우리 체육의 발전을 위한 거름이 되도록 하는 것이 필요하다. 한국 현실을 직시하고 이를 학문화 할 수 있는 노력이 요구되는 것이다. 현장의 고민에 귀 기울이고 그 문제를 함께 고민하면서 해결책을 모색하는 과정에서 우리 체육(학)은 현장과 이론이 상생을 길을 갈 수 있을 것이다.

이상과 같이 현재성, 대중성, 주체성을 잣대로 삼아 우리 체육의 정체성에 대하여 알아보았다. 어떤 것이 한국적이고 한국의 체육의 정체성인지를 다음과 같이 탐구하였다.

첫째, 현재성은 우리 체육의 정체성을 과거의 체육의 원형이라고 할 수 있는 신라화랑의 체육에서 찾기 보다는 지금 여기서 찾는 것이 더 한국적이다. 변화하지 않는 것이 없다고 한다. 변화는 시대의 흐름의 따른 당연한 귀결이라고 한다면, 화랑의 체육이 우리의 체육이고 또 식민지 체육은 우리의 체육이 될 수 없다는 논리는 설득력을 얻지 못한다. 화랑체육, 식민지체육, 현재 체육 모든 우리의 체육 안에서 변화하여 왔다. 외부의 체육을 수용하고 주체적 변용을 거쳐 우리 체육을 형성하고 있다. 역사적 사건과 변화에 따른 체육의 모습은 당연히 변화된 모습으로 나타난다. 끊임없는 자성적 숙고를 통하여 우리 체육을 형성하는 것이 시대적 당위이다. 그것은 우리의 열린 마음의 태도에서 확인될 수 있다. 배타적 감정만이 아니라. 수용하려는 개방성이 우리의 체육의 정체성에 무엇보다도 필요하다.

둘째, 대중성이다. 우리 고유의 몸짓은 택견이라는 선입견보다는 태권도에서 우리의 몸짓을 찾는 것이 더 정체성에 가까이 갈 수 있을 것이다. 태권도는 수용성에 의하여 타국의 무술을 수용하여 우리 것으로 승화 발전시킨 대표적인 무술이기 때문이다. 이처럼 체육의 정체성은 과거에 만 머무는 것이 아니라 현재의 대중성에서 그 근거를 두어야 한다. 얼마나 많은 사람들이 참여하고 있는가에 중요한 근거가 된다. 물론 숫자로 대중성을 찾기 보다는 태권도가 더 우리에게 친숙한 것으로 자리 잡고 있다는 사실 자체에서도 역시 태권도의 대중성을 확인할 수 있다.

셋째, 주체성이다. 우리 자생적 학문에 대한 기반이 취약하기 때문에 우리 체육학에 대한 연구는 미진하다. 단지 서양이론의 학문적 적용에 지나지 않는다. 획일화된 미국일변도의 우리 체육은 미국이론의 한국적용이라는 그늘에서 벗어나지 못하고 있다. 우리 몸에 알맞은 학문을 위한 모색이 우리체육의 발전을 위해서도 필요하다. 세계적인 학자는 미국화 된 학자일 것이다. 우리 몸짓, 우리 신체문화, 운동에 대한 연구를 통하여 세계화 할 수 있는 학자와 교사들의 출현을 기대해 본다.

현재성, 대중성, 주체성을 갖춘 우리의 체육은 어떤 모습일까. 그 움직임의 하나로 최의창의 연구를 들 수 있다. 그는 미국에서 학위를 했지만 한국 현실의 체육을 위하여 고민을 하는 학자이다. 그에 의해서 최근 제시된 '인문적 체육교육'은 기존의 서양일변도의 주지 주의적 체육에 대한 대항적인 성격을 갖는다. 우리체육은 합리적인 체육을 지향하는 과정에서 우리에게 중요한 인문적 측면의 부분들은 상실하였다. 그래서 그는 인문적 체육으로 반향을 선회 하였다. 방법론적인 측면에서 현장에서 적용할 수 있는 '하나로 수업'을 실천적으로 적용하고 완성을 향하여 나가고 있다.

이외에 체육학자들 중에서 우리 체육을 꿈꾸는 학자들은 있지만 현실적 실현을 위해 구체적인 이론을 제시하는 학자는 없다. 하지만 학교 현장에서 교사들에 의해서 우리 체육을 시도하고 있으며 다양한 변화의 모습들을 보여주고 있다. 전국체육교사모임에서 발행하고 있는 "체육교육" 잡지도 이러한 변화를 지속적으로 추구하는 교사들의 노력의 과정이라고 볼 수 있다. 이들은 기존의 평가방식의 획일적이고 기계적인 측면에 대한 비판에서 영상촬영을 통하여 통합적인 평가방법을 모색하고 있을 뿐만 아니라 새로운 교수방법들을 학교현장을 중심으로 시도하고 있다. 이것은 학생들이 무엇을 원하고 무엇을 기대하는지에 대하여 충족시켜주는 노력의 과정이라고 할 수 있다. 이러한 변화 속에서 우리 체육은 자생하며 발전하고 있다. 단지 우리는 그것이 무엇인지는 아직 명확히 발견하지 못하고 있을 뿐이다. 우리 체육을 진지하게 찾는다면 현재성, 대중성, 주체성을 담고 있는 것은 체육(Physical Education)이 아니라 체육('cheyouk)이라고 할 수 있다. 이미 체육('cheyouk)은 우리 사회에서 토착화된 우리용어이기 때문에 서양의 체육(physical education)과는 다르다고 할 수 있다.

9

심사는 공정해야 한다

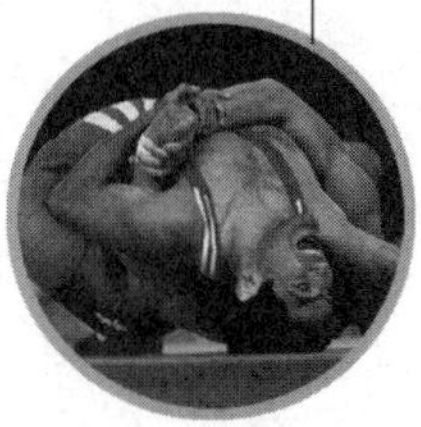

학회지를 출판하는 과정에서 심사는 빠질 수 없는 과정이다. 이는 질 높은 학회지를 만들기 위하여 편집과정에서 거쳐야 할 단계의 일부분이지만 그 중요성에서 불구하고 가볍게 넘어가고 있는 일이 다반사이다. 심사라는 과정 없이는 어떠한 학회지도 질 높은 논문을 게재 할 수 없다. 심사는 게제와 게제 불가를 위한 판정의 단계라기보다는 원저자가 볼 수 없는 논문의 문제점을 심사자가 지적하고 수정하여 좀더 완성된 논문을 함께 만들어 가는 일이 심사의 과정이다.

심사는 어떤 사적 감정이 개입되어서는 안 된다. 심사자는 어떻게 보면 연구자와 공동의 연구자라고도 할 수 있다. 연구자가 보지 못한 사항을 심사자에 의해서 확인되기 때문에 아무리 뛰어난 연구자도 자신의 눈으로 볼 수 없는 한계를 가질 수밖에 없다. 그럼에도 불구하고 사적 감정이 개입된 논문 심사는 심사결과를 보는 사람에게도 확연히 들어난다. 근거 없는 개제 불가는 연구자의 의욕 상실을 가져올 뿐만 아니라 감정이 상하기 쉽다. 학회지 심사에 대한 몇 가지 문제를 제기하고자 한다. 학회지의 질은 평가에 의한 게제 된 논문을 확인하면 바로 들러난다.

첫째, 권력 행사로서의 논문 평가이다. 편집위원 또는 심사위원은 실력보다 우선시 될 것은 비밀을 보장하는 일이며 자신의 심사에 대한 객관적으로 심사를 하는 것이다. 어떠한 내용도 편집실 이외로 빠져나가서는 안 된다. 우리가 경계해야 할 일은 자신의 실력을 과시하는 차원에서 심사를 하는 것이다. 자신의 능력으로 심사가 곤란 할 경우는 심사를 하지 않는 것이 필요한데 자신의 능력을 과도하게 인정하고 심사를 하는데 문제가 생겨난다. 논문심사는 자신의 권위를 들어내는 것이 아니라 질 높은 논문을 만들어 학회지 수준을 유지하거나 높이는데 있다.

둘째, 보다 질 높은 학회지를 만든다는 동업자 정신의 상실이다. 자신의 논문에 대하여 아무리 완전한 논문을 작성하여도 자신이 볼 수 없는 문제점이 있을 수 있다. 제3자의 입장에서 수정과 문제점을 알려줄 수 있다면 보다 질 높은 논문이 만들어 질 수가 있다. 이는 심사위원이 동업자 정신을 살려서 학회지의 수준을 유지하는 일이다. 자신의 논문을 고치는 마음으로 심사 논문을 한다면 그 만큼 학회지의 질은 높여 지는 것이다. 오자 하나라도 정성을 다해서 내용을 수정하는 것이 우리에게 필요하다. 성이 있는 논문심사가 바로 학회지의 등급을 결정하는 요건이 된다. 성의 없이 대충하는 심사는 결코 학회지의 질에 도움이 되지 않는다.

셋째, 게제 불가를 시키는 것이 자신의 실력을 입증하는 것이 아니다. 학회지의 게제 불 가율을 일정하게 위지하게 위하여 게제 불가를 하는 경우가 있다. 중요한 것은 게제 불가를 위한 불가여서는 안 된다는 것이다. 논문의 요건이나 도저히 수정해도 게재하기 어려운 경우를 빼고서는 수정을 통하여 완전한 논문으로 만들어 질 수가 있다. 하지만 이를 무시하고 게제 불가를 때리는 것은 심사자의 실력을 과시하는 것에 지나지 않는다. 투고자에게 논리적인 게제 불가 사유를 명시함으로서 투고자가 이를 받아들일 수 있도록 하는 것이 필요하다. 그런데 문제는 명확한 이유 없이 게제 불가를 시키는 일이다. 이는 명백하게 개인적인 감정이 개입됨을 알 수 있다. 단지 개인의 감정을 억제하고 객관성을 유지하는 일이 필요하다.

넷째, 심사는 평생 함구해야 할 문제이다. 알아서 좋을 것이 없다. 인간관계가 논문 평가에 개입되지 말아야 자신의 논문의 질을 높일 수 있다. 누구의 논문이라고 해서 관대해서는 안 되고 대학원생의 논문이라고 해서 무시하는 평가는 사라져야 한다. 자신이 심사하는 내용이 아주 친밀한 사람의 논문이라면 심사를 포기하는 것이 학자의 양심을 살리는 일이다. 심사 논문의 저자를 알고 심사하는 것은 객관성을 유지하기가 좀처럼 어렵다. 그 만큼 다른 심사자에게 심사를 넘기는 것이 자신의 양심을 지키는 일이 된다. 그렇지 않다면 대인관계에 의한 도와주기 위한 심사가 될 공산이 높다. 이러한 경우가 쌓이다 보면 학회지의 내용은 부실해지고 학회지의 등급 또한 하락할 뿐이다.

이상과 같이 학회지의 심사는 곧 학회지의 질과 관계가 있는 문제라는 것을 알아보았다. 철저한 학회지 심사와 공정성을 유지하는 것이 등급을 유지하는 하나의 방법이다. 학회지 심사위원의 엄정한 선정을 통해서 동업자 정신으로 보다 질 높은 심사를 위한 노력이 필요하다. 그런 가운데서 학회지의 질을 유지되고 발전할 수 있는 것이다.

심사자와 투고자의 입장은 언제든지 바뀔 수 있다. 그렇기 때문에 심사자는 자신의 역량을 모두 발휘하여 좀더 완성된 논문이 되도록 도움을 주는 것이 필요하다. 학회지의 게재 불가율이 높다고 질 높은 학회지라고는 할 수 없다. 수정과 보안을 통해서 학회지는 양산되는 것이다. 이러한 일은 학회지를 심사하는 과정에서 꼭 확인하고 넘어가야 할 일이다. 특히 한국학술진흥재단 등의 액수가 큰 연구비에 관련된 심사를 할 경우 공정한 심사를 하는 것이 심사자의 양심을 지키는 일이다. 개인적인 친분이나 외부의 압력에 의한 심사자의 도덕적 갈등은 심사자의 양심적인 결정에 의해서 평가되어야 할 사항이다.

10

질문이 없다

강의나 혹은 세미나 등 여러 형태의 형식을 갖춘 장소에 자의든 타의든 가게 된다. 이 때 볼 수 있는 이상한 현상은 질문이 없다는 것이다. 질문도 알아야 한다고 하는데 세미나 내용이 너무 어려워서 그런가 아니면 질문할 용기가 없기 때문에 그런가 생각하게 된다. 하지만 학교에 돌아와 학생들이 주도하는 발표수업에서도 학생들은 동려 학생들의 발표에 대하여 무관심하고 질문이 없다는 공통점을 발견하게 된다. 질문이 없기 때문에 더 이상의 논의나 진전이 없이 발표로 끝나는 경우가 많다.

질문은 발표자에 대한 예의이다. 발표자가 열심히 준비하여 발표한 것에 대한 고마움의 마음을 가지고 있다면 감사의 표현은 적어도 주저 없이 질문하는 것이 좋다. 발표를 준비하기 위하여 많은 수고를 한다는 것에 대하여 한번이라도 발표를 준비한 사람이라면 잘 알 수 있다. 질문 없이 넘어가는 발표는 어디인가 모르게 답답함을 떨쳐 벌릴 수가 없다. 적어도 발표자에 대한 관심을 표명 차원에서 발표내용을 열심히 듣고 이해가 가지 않는 사항에 대하여 재차 질문을 할 필요가 있다. 조금만 관심을 가지고 있다면 질문은 자연스럽게 할 수 있다.

질문은 궁금하고 답답하기 때문에 하게 된다. 어린 아이들이 끊임없는 질문은 때로는 화가 나게 하기도 하지만 성장 중에 있는 아이들의 호기심이 그 만큼 크다는 것을 확인할 수 있다. 크고 작은 세미나와 학술대회들이 도처에서 개최되고 있다. 이런 학회에 참여해서 유심히 관찰하다 보면 알 수 있는 것이 참가들의 질문유형을 알 수 있다. 질문은 공부하는 사람들에게 중요한 공부 방법 중에 하나이다. 자신이 모르는 것을 질문하는 것은 배우는 자의 기본이다. 모르는 데도 알고 있는 척하면서 묻지 않는 것은 발전을 스스로 포기하는 행위에 불과하다. 크게 질문유형은 과시, 지도, 평가, 순수 등의 형태를 확인할 수 있다.

첫째, 과시 형태의 질문이다. 자신은 이미 알고 있고 발표자가 알지 못하는 문제가 있으면, 이를 놓치지 않고 때를 기다려 질문을 한다. 그 질문은 발표자의 발표시간 보다 더 긴 시간을 사용할 때가 있다. 발표자와 질문자의 자리가 바뀐 것이다. 장황하게 설명하는 것은 자신의 지식을 과시하는 것 그 이상이 아니다. 청중들이 이미 지루하기 때문에 귀를 막는다. 그럼에도 불구하고 지속적으로 말을 하면서 쉽게 마무리 하지 않는다. 발표자의 전체 내용은 상관없이 자신이 알고 있는 것만 부각시킨다. 그러니까 전체 논의가 이뤄지지 못한다. 한 질문자의 말만 듣고 마는 형국이다. 자신이 할 말을 다하면 이내 빠져나간다. 자신의 우월하기 때문에 더 이상 들을 것이 없다고 스스로 판단하고 학회장을 떠난다.

둘째, 지도 형태의 질문이다. 질문내용은 발표 내용과 상관없이 발표자의 형식적인 문제를 꼬집는다. 왜 파워 포인트로 하지 않느냐. 목소리가 작다. 질문을 경청해 들어라. 태도가 문제가 있다는 등의 질문 아닌 학생을 지도하는 모습이다. 학회에 나와서 그렇게까지 할 필요가 있느냐 하는 것이다. 자신이 있는 자리가 지도학생 논문 심사하는 곳도 아닌데도 불구하고 모두가 자신의 지도학생이라고 생각하는 것 같은 생각을 갖게 한다.

발표자가 교수가 아닌 강사라고 해도 발표자와 질문자의 평등한 위치를 존중해야 하는데 이를 무시한다. 발표자가 시간강사니까 지도 형태의 질문에 일관한다. 중요한 것은 발표내용에 대한 이해와 이에 대한 질문과 대답이 이뤄져야 하는데 이런 식의 질문으로 발표장의 분위기를 사로잡는다. 이런 분들이 학회장에 나오지 않는 것이 여러모로 도움이 된다. 그것에 대하여 그들은 알지 못하다. 그 점에 대하여 누가 말해주지도 않는다. 왜냐하면 권위에 대한 도전으로 해석하기 때문이다. 아무도 말해 주지 않는다. 다만 계속 되풀이 될 뿐이다.

셋째, 평가 형태의 질문이다. 자신을 알고 있는 대 발표자가 알고 있는지를 평가하기 위하여 질문한다. 이 질문에서 얻고자 하는 것은 질문자의 자기만족 내지는 자신의 우월감을 확인하는 것 이외는 없다. 내용 보다는 발표자의 능력을 평가하는 식의 질문은 듣는 사람들의 입장에서 보면 무엇을 얻기 위한 질문인지 바로 알 수 있다. 질문하여 말하지 못할 때, 그것도 알지 못하고 어떻게 발표할 수 있느냐 하는 말을 거듭한다. 이런 사람의 부류는 학회장 어디에서도 쉽게 발견할 수 있다는 것이다. 이것은 지도학생의 논문심사도 아니고 학회에서 이런 식의 질문은 삼가 하는 것이 필요하다.

넷째, 내용이해 없이 아부 형태의 질문이다. 발표 내용이 무엇인지는 중요하지 않다. 그렇기 때문에 어떤 상황에서도 아부가 이어진다는 것이다. 아부는 남이 보이지 않는 데서 개인적으로 하는 것이 필요하다. 아부 하는 형태의 질문의 예를 살펴보자. 상당히 훌륭한 논문을 발표하셨습니다. 대단합니다. 이 논문은 대단하게 학문발전에 공헌할 내용입니다. 이런 유의 질문은 발표자에게 잘 보이기 위한 아부에 가까운 질문이다. 대학원생에게 이런 질문을 하지 않는다. 학회에서 지도부에 위치한 발표자들에게 발표 내용에 상관없이 아부하는 태도로 일관하는 모습도 쉽게 볼 수 있다.

다섯째, 순수 형태의 질문이다. 내용에 대한 질문이 있어야 하는데 발표 내용에 대한 질문이 아니라는 것이다. 이해하지 않아도 되는 질문을 하는 사람이 있다. 개인적으로 묻어 보와도 좋을 질문인데 공식 석상에서 발표자의 내용에 대하여 논의가 있어야 하는데 사적인 질문을 하는 것은 발표회의 분위기를 망치는 일이다. 학회 전체 분위기를 파악하지 못하고 아주 순수하게 하는 질문이라고 할 수 있다. 그 수순성에는 비난하지 못하지만 때에 맞는 질문이 필요하다는 것을 깨달았으면 한다. 전체 논의 내용에 대한 충실한 질문이 필요하다. 학술대회 시간은 제한적이라는 한계 때문에 모든 질문보다는 적절한 질문이 그래서 요구되는 것이다.

이상과 같이 학회에서 발생하는 질문에 대한 현상을 살펴보았다. 질문은 학문적 진보를 위한 반드시 거쳐야 할 단계이다. 이를 부인하는 사람은 없을 것이다. 그러나 질문은 순수한 의도와 내용에 대한 논의 중심으로 질문이 이뤄져야 한다는 진리를 잊지 말아야 한다. 자신을 과시하거나 상대를 평가하는 식의 질문은 불필요한 질문이다. 질문은 때를 파악해서 내용에 대한 논의에서 벗어나지 않는 질문이 되어야 한다. 그것이 학회와 학문의 발전에 필요하다.

질문의 형식을 따지려는 것은 아니었다. 적어도 질문자는 발표자의 감정을 상하게 하는 질문은 삼가 하는 것이 좋다. 질문이 인신공

격으로 가서는 안 된다. 그렇기 때문에 발표자의 자존심을 존중하고 최대한 보장하는 선에서 질문을 해야 한다. 그리고 자신의 소속을 명확히 말하고 질문하는 것이 필요하다. 어떤 사람이 어떤 생각을 가지고 질문했는지 궁금함 사항을 이해할 수 있기 때문이다. 발표자와 질문자간의 입장이 바뀔 수 있기 때문에 서로 간의 관심과 예의에 어긋나지 않는 자세가 필요하다.

11

표절은 사기이다

단행본으로 나온 책이나 혹은 논문을 유심히 보면 같은 내용의 중복된 부분을 발견할 수 있다. 물론 약간의 수정을 통하여 원본과 차이를 찾을 수 있지만 원칙적으로 원전과의 내용에서 큰 차이 없이 그대로 출판하는 것을 볼 수 있다. 대부분이 비슷한 개론서들이 즐비하다. 그 내용은 누가 누구의 것을 표절했는지 알 수 없다. 대개 우리나라에서 표절은 미국이나 일본의 원전을 베끼고 다시 국내에서 번역된 것을 베끼는 구조를 가지고 있다. 그렇기 때문에 원조가 누구의 것인지 판별하기 어렵다는 얘기다. 심지어 표절내용이 잘못된 것을 그대로 표절한 것을 금방 알 수 있다. 표절은 왜 생겨나는 것이다.

그것은 노력 없이 대가를 바라는 행위라고 할 수 있다. 인문사회학에서 한 문장을 쓰려고 밤을 지새워 가면서 인고의 과정 속에서 한 문장을 완성하는데 이를 무분별하게 도용하는 것은 공짜로 횡재를 생각하는 것과 같다. 이상한 부분은 가장 많은 부분을 베긴 책은 참고문헌에서 빠져있는 것을 확인할 수 있다.

표절이 왜 문제인가. 다른 사람들도 다하는 데 왜 문제인가 하는 의문을 제기할 수 있다. 그러나 모든 사람들이 표절과 도용만을 일삼는다면 밤을 새워가면서 누가 노력하려고 하겠는가. 학문적 발전과 인류의 진보를 위하여 창의적인 내용물에 대한 저작권을 인정해야 한다. 그래야 학문이 발전할 수 있다. 저작권이 보호되지 않고서는 누구도 자신의 역량을 발휘하려고 하지 않을 것이다. 타인의 창의적 아이디어를 보호하는 것이 표절을 사전에 막기 위한 절차적 행위라고 할 수 있다.

표절은 창의성을 말살한다. 창의적인 아이디어는 순간적으로 떠오르는 것이 아니라. 많은 공부를 통하여 내공이 쌓여서 직관적으로 얻을 수 있는 노력의 결과이다. 지속적인 창의성의 실현은 창의성에 대한 저작권을 보호하는 것이다. 그렇지 않으면 그 누구도 창의적인 것에 대하여 관심을 가지지 않을 것이다. 그래서 저작권의 보호를 받기 때문에 많은 시간을 투자하면서 시간과 비용을 쓰고 있는 것이다.

표절은 학자적 양심을 저버리는 행위이다. 학자는 학문적 양심이 중요하다. 학자이기 때문에 학문적 양심을 저버리는 행위를 해서는 안 된다. 동려 학자들의 지식과 연구결과를 도용하는 것이 아니라 인용하고 그 가운데 좀더 더 발전할 수 있는 계기를 만들어야 한다. 연구자들은 고마움의 표시로 참고문헌에 인용을 하는 것이다. 그러한 연구 성과를 통하여 자신의 연구를 수행할 수 있는 것이다. 인용은 상대방에 대한 존중의 표현이다. 그런데 표절을 하는 것은 상대방을 무시하는 무례한 행위라고 할 수 있다.

자기논문이나 책을 그대로 인용표시 없이 인용하는 것은 자기표절에 해당하는 것이다. 자신의 연구논문이라고 인용구를 달지 않고 인용하는 것 역시 자기표절에 대표적인 모습이다. 지금까지 자기표절에 대하여 관대하게 대우해왔는데 자기표절에 대한 교육과 인식의 변화가 있어야 할 것이다. 새로운 내용 없이 논문을 논문으로 자기논문을 계속해서 반복하여 발표하게 될 수가 있다. 이런 것을 막기 위해서는 자기검열이 요구된다. 다음으로 체육계의 표절형태를 알아보자.

첫째, 다른 저작물의 내용을 인용표시 없이 도용하는 경우이다. 단행본류에서 많은 발견되는 것이 이런 일들이다. 분명히 다른 저작물의 내용을 그대로 가져다 쓰는 경우에 원저자에 대한 인용 없이 사용하는 것이 해당하다. 외국의 저작물의 내용을 번역해서 그대로 사용하는데 문제가 있다. 앞뒤만 바꾼다고 해서 핵심 내용은 그대로 쓰는 경우도 핵심 아이디어가 들어가 있기 때문에 표절이다. 이런 사실은 다른 사람들이 모른다고 생각할 수 있지만 적어도 같은 분야에 있는 사람들은 이것을 쉽게 찾아 낼 수 있다.

둘째, 대학원생의 보고서를 그대로 발표하는 행위이다. 대학원생은 연구자라고 할 수 있기 때문에 대학원생의 보고서는 대학원생의 저작권이 인정된다. 하지만 지도교수 혹은 강의 담당교수는 대학원생이란 신분을 악 이용해 자신의 연구 업적으로 이용하는 경우이다. 그러나 지도교수와 지도학생이라는 수직적 관계에서 지도교수의 행위에 대하여 문제를 제기할 수 없는 구조이다. 알면서도 모른 척 할 수밖에 없다. 그렇게 되면 대학원생의 저작권을 찾을 수 없고 지도교수의 저작권이 되고 마는 경우이다. 이 같은 일은 모든 학문 영역에서 발견될 수 있는 현상이다.

셋째, 번역서가 편저가 되고 나중에 저서로 둔갑한다는 사실이다. 번역서임에도 불구하고 저작권 문제 때문에 편저로 출판하는 경우가 종종 있다. 극동의 조금만 나라에서 외국 책을 번역해서 원저자의 동의 없이 출판한 것이 과거에 일이 되었다. 경제적 후진국 시절에 우리는 저자권이라는 의식이 없었다. 하지만 지금은 먹고 살만 해졌기 때문에 저자권의 중요성에 대한 인식이 형성되었다. 저작권에 대한 몰이해가 바로 표절을 양산한다. 편저는 어느새 저서로 둔갑하여 출판되는 경우이다. 이러한 현상이 체육계에서 볼 수 있는 대표적인 경우라고 할 수 있다. 번역에 대한 자신감의 결여에서 나타나는 현상일 수 있다. 번역은 원저자의 저작권과 번역자에게도 저작권이 있다. 번역자의 노고에 대한 감사의 표현이 번역자에 대한 인용을 하는 것이다.

넷째, 자기표절이다. 자기 논문이나 연구물에서 자기 자신이 인용하는 것은 표절이 아니라고 인식하여 왔다. 하지만 자신의 이전 연구물에 대한 인용부호 없이 사용하는 것도 표절이고 표절의 범위에 분명히 속한다. 지속적으로 자신의 논문을 쓰면서 인용표시를 하지 않으면 연구의 창의성이 사라지고 반복되는 연구에 불과하다. 연구물은 그 자체로서 독창성을 가진 지적 재산권을 가지게 된다. 그렇기 때문에 자신의 연구물 또한 인용하는데 있어서 철저히 인용표시를 하는 것이 표절에서 벗어날 수 있는 길이다.

이상과 같이 표절이 양산되는 것은 표절에 대한 무지 때문이라고 할 수 있다. 또한 연구자가 연구의 편리와 대량 양산이라는 현실적인 유혹 때문에 표절이 사라지지 않고 있다. 학문의 발전을 위해서는 표절에 대하여 엄격해야 한다. 문장 하나, 글 하나라도 인용하는데서 누구의 글인지 밝혀주는 것이 연구자의 윤리이다. 아이디어 하나라도 고마움의 표시로 원 아이디어의 주인을 밝히는 것이 상대에 대한 최소한의 학문적 예의이다. 이런 일은 연구자들이 당연히 해야 할 상식이다.

대학원에서 대학원생들에게 연구방법과 능력을 가르치는 것도 중요하지만 그것보다 먼저 선행해야 할 일이 바로 연구자의 연구윤리라고 할 수 있는 학문적 양심에 대한 교육이다. 연구윤리가 결여된 능력 있는 학자의 양성은 곤란하다. 학문을 시작하는 처음부터 분명한 연구윤리와 표절에 대한 지식을 교육받는 것이 필요하다. 이러한 사실은 특별한 것이 아닐 뿐만 아니라 또한 새로운 것이 아니라는 것이다. 표절에 대한 올바른 지식이 표절의 피해를 막는 일차적인 일이다. 알지 못하면 표절을 범할 수 있기 때문에 사전에 표절에 대한 공부가 학자들이나 대학원생들에게 절실히 필요하다.

12

강의를 준비하라

학생들은 시간의 변화에 따라서 다양한 모습을 보여준다. 일년 전과 지금과 비교 해봐도 또 차이를 보여준다. 학생들은 자신을 생각을 표현하는데 주저하지 않는 장점이 있다. 강의 실 밖에서 자신을 잘 들러내고 자신의 생각을 잘 표현한다. 하지만 강의 실 안에서는 자신의 생각을 좀처럼 표현하지 않는다. 심지어 교수가 질문을 해도 대답을 하지 않는다. 생각하기를 귀찮아하기 때문에 대답조차 하지 않는 것이다. 또는 모르겠다는 말만 하는 경우가 쉽게 목격된다. 왜 강의에서 학생들은 침묵을 지키고 대답하기를 피하는 이유에 대하여 곰곰이 생각해 보았다.

그 이유는 학생들의 자존심이 강하기 때문이다. 자신을 사랑하는 마음과 애착이 강하기 때문에 자신의 자존심에 손상을 가져오는 행위는 절대로 하지 않는다. 그렇기 때문에 열린 마음으로 모든 수강생들이 같은 지적 수준이며 자신의 생각을 자연스럽게 표현하도록 유도 하는 것이 강의에서 필요하다. 낯선 사람들과 교류를 쉽지 않고 그들 앞에서 자신의 속내를 표현하는 것이 어색하기 때문에 침묵으로 일관하는 것이다. 뿐만 아니라 강의에 몰입하지 못하기 때문에 이 같은 현상들이 지속되는 것이다.

모든 강의에서 교수들은 열정을 가지고 많은 지식을 학생들에게 제공하려고 한다. 그러나 보니까 강의에 적응하지 못하는 학생들이 등장한다. 대학의 강의 수준을 어떻게 조율하는 것이 중요하다. 일방적으로 높은 수준의 강의를 하는 것이 좋은지, 아니면 학생들의 수준에 맞추어 강의를 하는 것이 좋은지 많은 생각들을 할 수 있다. 대부분의 교수들은 학생들의 지적 수준에 맞는 강의가 이상적인 강의라고 생각한다. 그러면 강의에 대한 학생들의 이해도가 높을 것이다. 그렇다면 어떻게 강의하는 것이 가장 효율성을 높일 수 있는 강의인지 한번 생각해 보자.

첫째, 강의는 수요자 중심의 강의가 필요하다. 학생들이 원하는 강의를 하는 것이 학생들과 소통하는데 있어서 중요한 요소이다. 수요와 공급이 맞을 때 이상적인 성과를 낼 수 있다. 학생들이 원하지 않는 강의는 교수 자신의 과도한 지적 발산에 불과하다. 수요자 중심의 강의를 하기 위해서는 강의가 시작되기 전에 강의계획서를 조율하고 거기에 맞는 강의를 하는 것이 필요하다. 합의된 계획서에 의해서 강의가 이워진다면 수요자인 학생중심의 강의가 될 수 있다.

둘째, 재미와 지식 두 가지 모두를 잘 활용할 수 있어야 한다. 지식 중심의 강의는 필요하지만 학생들의 관심을 유도하거나 집중하게 하는 데 어려움이 있다. 그래서 재미와 지식을 잘 조율해서 강의하려는 교수들이 등장하는 것이다. 하지만 재미만을 추구하다 보면 강의의 목적이 사라지고 학생들의 기분에 맞추는 강의가 될 공산이 크다.

재미있지만 배우는 내용이 적으면 강의의 효과는 적은 것이다. 재미와 지식 모두를 잘하기 위한 적절한 교수법의 적용이 있어야 가능한 일이다.

셋째, 학생과 교수가 소통이 필요하다. 학생과 교수의 대화가 단절되면 소통이 가능하지 않고 강의의 효율성도 떨어진다. 강의를 진행하면서 학생들과 소통을 유지하고 그들의 학습 능력과 학습 정도를 확인하고 거기에 맞추어서 강의를 진행하는 것이 요구된다. 의사소통이 대화와 학습 강도를 높이는데 절대적으로 필요한 사항이다. 그렇지 않다면 교수 중심의 강의가 되기 쉽다. 학생들이 얼마나 이해하고 있으면 얼마나 따라오고 있는지 수시로 체크하고 강의를 진행하는 것이 학생들에게도 좋은 강의가 될 수 있다.

넷째, 학생의 자발적인 공부를 유도하는 방법이 필요하다. 교수는 학생들에게 지적 호기심을 유발하도록 자극을 지속적으로 주는 것이 필요하다. 교수의 질문과 강의 때문에 느끼고, 질문하고, 문제제기 하고 그것에 대한 자신의 해답과 대안을 찾아보려는 자극을 학생들에게 심어주어야 한다. 자발적인 학습이 학습량을 늘릴 수 있고 강의를 잘 이해할 수 있는 길이다. 배우고 싶은 욕구를 강하게 느끼게 해주는 강의가 학생들의 학습 능력을 향상시키는 일차적인 단계에 해당한다.

다섯째, 학생의 배우고 싶은 열정과 교수의 가르치고 싶은 열정의 만남이 중요하다. 학생이 학습 의욕이 상실되면 강의는 죽은 강의이다. 교수는 강의하고 학생들이 외면하는 시간 보내기가 되기 쉽다. 학생들의 배우고 싶은 열정과 교수의 강의 열정이 만남을 유지할 때 강의를 살아있고 학습 의욕이 넘쳐나게 된다. 열정을 지속할 수 있는 것은 서로에 대한 관심과 배려에서 시작되는 것이다.

여섯째, 제대로 가르치는 것이 필요하다. 학생들에게 제대로 가르치려는 교수의 마음이 중요하다. 대중 시간을 때우고 마는 수업과 강의 시간을 다 채우지 않는 성의 없는 강의는 문제가 있다. 이런 강의가 되지 않도록 교수는 편하고자 하는 현실적인 유혹을 경계해야 할 것이다. 제대로 강의 한다는 자신의 마음을 바로잡고 제대로 학생들을 가르친다는 정신이 무엇보다도 중요하다. 이러한 생각이 없이 강의하는 것은 학생들을 강의에 대하여 집중하지 못하게 할 가능성이 있다.

이상과 같이 제대로 된 강의, 배우고 싶은 강의가 되기 위해서는 위에서 제시한 최소한의 준비가 필요하다. 강의는 오래했기 때문에 잘할 수 있고 그렇기 때문에 준비 없이 강의하면 된다는 생각은 금물이다. 철저한 준비에서 훌륭한 강의는 이뤄지는 것이다. 배우고자하는 학생의 열정과 잘 가르치고자 하는 교수의 열정이 하나로 만날 때 훌륭한 강의는 가능하다. 늘 새롭게 준비하고 새롭게 강의하는 것이 교수들에게 필요하다. 준비하지 않으면 강의는 살지 못한다. 최신의 이론과 최신의 학문 경향을 학생들에게 전달하는 것이 좋은 강의를 유지하는 비결이라고 할 수 있다.

13

'체육학 글쓰기' 이제 시작이다

우리사회는 글쓰기를 강요하는 사회라고 할 수 있다. 대학을 들어가기 위해서 논술을 잘해야 하고 대학에 들어가서는 학점을 잘 받기 위해서 리포트나 시험답안쓰기를 잘 써야 한다. 회사가 가서는 기획안을 잘 써야 능력 있는 사람으로 인정받을 수 있다. 어디에서나 글쓰기를 강조하고 있다. 하지만 글쓰기에 대하여 관심이 적은 쪽은 체육 분야 쪽이다. 체육학 학생들에게 부족한 부분이 글쓰기이다. 체육학 글쓰기가 필요한 이유도 여기에 있다.

나에게 있어 체육학 글쓰기는 무엇인가. 이를 정리해 보자. 나는 체육에서 참된 글쓰기는 다음과 같이 정의한다. 체육에서 참된 글쓰기란 스포츠 체험을 통하여 체득된 지식을 가진 운동하는 주체의 반성적 행위이면 그것을 통해 사람됨의 지향 활동이다. 이것은 이론과 실천의 통합적 행위이며, 살아있는 우리(나)가 스포츠현실을 직시하고 그 속에서 대두되는 스포츠의 문제점을 발견하고 그것에 대하여 비판하고 대안을 제시하는 행위이다. 이러한 문제의식 없이 쓴 글들은 학문과 현실에 별 도움이 되지 않는 글일 수 있다는 것이다. 모든 글이 그렇다는 것은 분명 아니다. 하지만 그럴 가능성이 높다는 점을 말하고 싶을 뿐이다.

참된 글쓰기(서사적 스포츠)는 운동선수에게 필요하다. 참된 글쓰기를 위하여 글쓰기 교육은 일차적으로 시작되어야 한다. 이 부분은 이미 앞에서 누누이 강조했기 때문에 더 이상 강조하지 않겠지만 한 번은 언급하고 넘어가야 한다. 글쓰기 교육은 불필요한 것이 절대 아니다. 운동을 잘하기 위해서는 자신의 생각을 점검하고 자신의 기술 수준을 검토하는 일이 필요하다.

이 일은 글쓰기로 가능하다. 중요성에도 불구하고 글쓰기 교육이 이뤄지지 않는 이유는 중요성에 대한 인식이 부족하기 때문이다. 그렇기 때문에 글쓰기 교육을 강조하는 것이다. 제대로 된 글쓰기 교육을 받지 않고서 참된 글쓰기란 먼 나라의 이야기에 불과하다. 지금부터라도 운동선수 혹은 운동하는 사람들의 현장체험을 바탕으로 한 글쓰기가 이루어질 필요가 있다. 그런 다음에 읽는 스포츠의 즐거움을 향유할 수 있을 것이다.

이를 위해서는 학교체육, 교양체육 수업을 듣는 학생들에게 자신의 운동일지를 작성하게 하는 것이다. 운동일지를 적게 해서 그들의 운동학습의 문제점을 반성할 수 있는 계기를 만들어 주어야 한다. 이것이 가능 하다면 많은 교육적 효과를 얻을 수 있을 것이다. 현실적으로 어려운 일이지만 시작만 잘하면 글쓰기 공부와 더불어 자신의 운동기술 습득의 도움을 받을 수 있다. 뿐만 아니라 자신의 인격형성을 위한 인성교육의 효과를 볼 수 있다. 다양한 효과를 가지고 있는 글쓰기에 대하여 경각심을 가지고 현실에서 실시하는 것이 시급하다.

체육학계열 학과 교과과정에 '체육학 글쓰기' 과목을 개설하는 것을 검토해봐야 한다. 현재 체육학 연구법이라는 과목에서 하는 것은 양적연구방법을 하기 위한 전문기술로 통계기법을 배우는 것에 한정되었다. 통계기법도 중요하지만 질적 연구방법에서 필요한 글쓰기가 학생들에게 더욱 필요하다. 글쓰기와 관련 없는 부분이 없다.

교양으로 글쓰기가 있는데 구지 체육학 글쓰기라는 과목을 채택할 필요가 있느냐 하는 의구심을 가진 분들이 있을 것이다. 문제는 체육 또는 스포츠에 관련된 현실적인 문제를 중심으로 글쓰기 교육을 할 수 있다는 장점이 있다. 이외에 체육학 연구에 필요한 글쓰기를 배울 수 있을 것이다.

현장에서 스포츠체험을 글로 표현할 수 있다면 체험구조를 구명할 수 있을 뿐만 아니라 기술습득 위주로 되어 있는 현실에서 스포츠스타들이 가지고 있는 내면세계를 글을 통해서 접해볼 수 있다. 문제는 운동선수들이 글쓰기가 안 된다는 것이다. 이를 해결하기 위하여 운동선수들이 자신들의 스포츠체험을 글로 쓰는 방법을 얻어 표현하는 것이다. 글쓰기 방법을 습득하여 자신의 기능뿐만 아니라 심리적인 부분의 훈련도 가능하고 훌륭한 선수로 나갈 수 있는 인격교육도 가능하다는 장점을 가지고 있다.

체육학계열 학과의 교과과정에 '체육학 글쓰기' 강좌를 개설하여 얻을 수 있는 여러 장점을 고려하여 마련되어야 할 것이다. 체육학을 공부하는 학생들이 다른 것 보다 글쓰기에 어려움을 가지고 있기 때문에 이 문제를 해결할 수 있는 방법은 글쓰기 교육을 통하여 해결할 수 있다. 이를 위해 체육학 글쓰기를 통해서 체육학과 학생들의 글쓰기 능력을 배양시킬 수 있을 것이다. 자신들이 현장에서 느끼고 경험한 바를 글을 통해 표현하고 그것들을 해결하려는 고민 속에서 체육에 대한 사랑과 관심 그리고 열정을 키워나갈 수 있게 된다. 이에 대한 관심을 보여주기를 기대한다.

각자 스스로 문제를 제기하고 그것을 해결하기 위한 치열한 고민과 해결과정이 자신의 사람됨을 형성하는데 도움을 줄 수 있다. 이를 현장에서 실천하기 위해서 가능한 것이 운동일지이다. 형식적 운동일지가 아니라 진실한 운동경험을 담고 있는 운동일지를 말한다. 자신의 운동행위에 대하여 일정한 거리두기를 두고 자신의 평가를 스스로 작성할 수 있게 할 수 있는 운동일지가 사람됨에 도움이 된다. 그것이 인문학적 혹은 서사적 글쓰기의 이유이며 사람됨을 형성할 수 있는 토대이다. 이처럼 쓰기 스포츠가 제대로 이루어진다면, 그 다음으로 최의창이 말하는 읽기 스포츠의 즐거움이 가능하다고 생각한다. 늦었다고 생각될 때가 가장 빠른 시기라는 옛말을 상기해보자.

생각하는 스포츠

2006년 3월 5일 1판 1쇄 인쇄
2006년 3월 10일 1판 1쇄 발행

글쓴이·이 학 준
펴낸이·조 승 식
펴낸곳·(주) 도서출판 북스힐
등록·제 22-457 호
주소·서울시 강북구 수유 2동 258-20
전화·(02) 994-0071
팩스·(02) 994-0073
이메일·bookswin@unitel.co.kr
홈페이지·www.bookshill.com
ISBN·89-5526-305-8
가격·8,000원

잘못된 책은 교환해 드립니다.